Découvrez l'histoire par les archives de presse

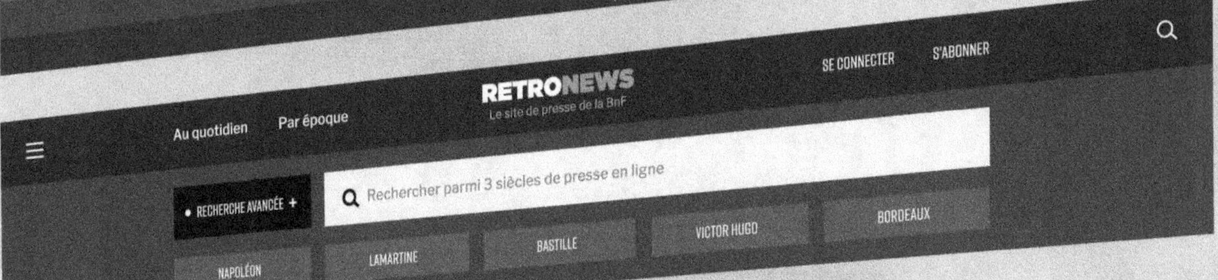

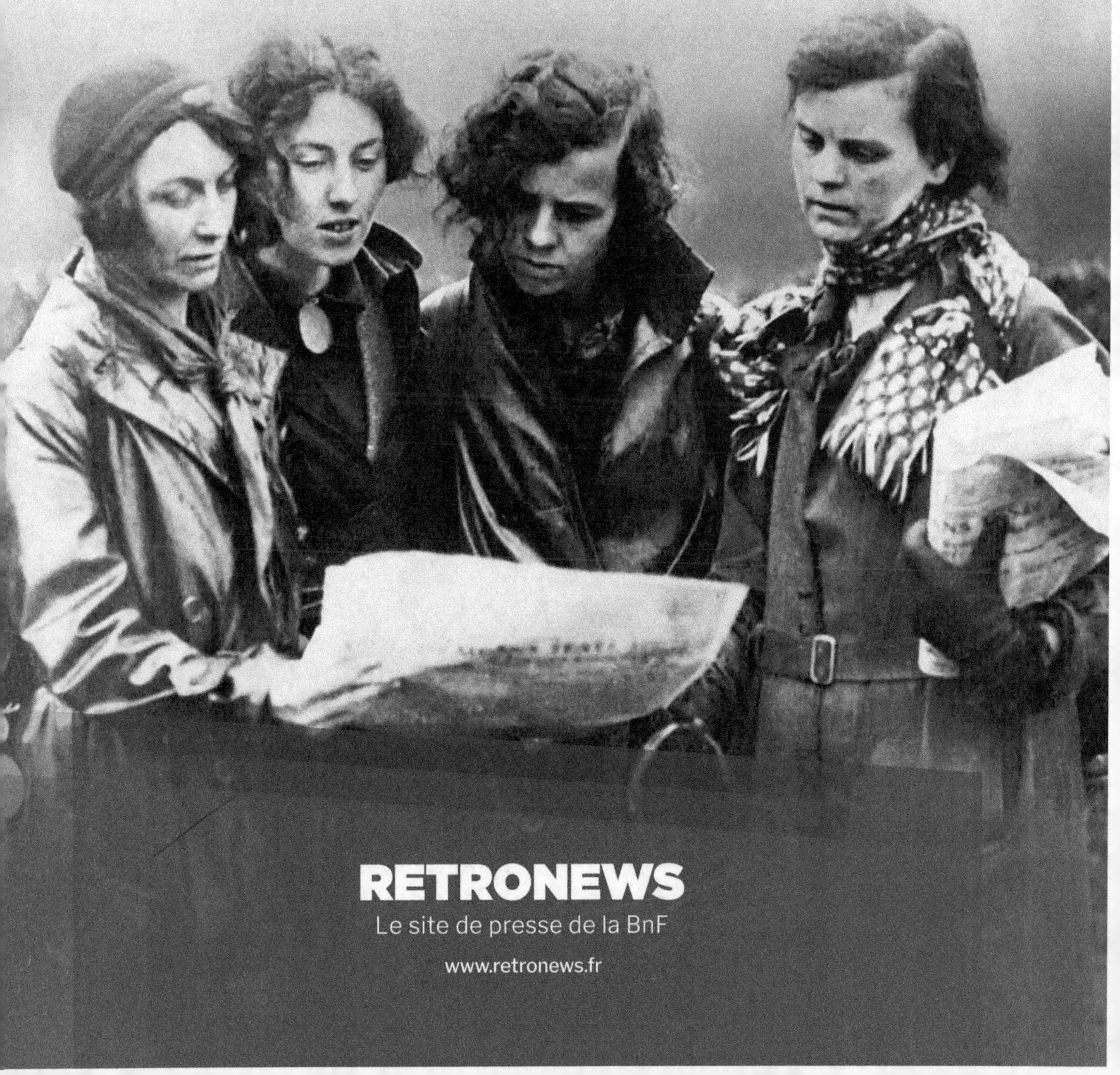

RETRONEWS

Le site de presse de la BnF

www.retronews.fr

Nouvelle Série — N°s 1 & 2.   Janvier-Février 1894.

TROISIÈME ANNÉE.

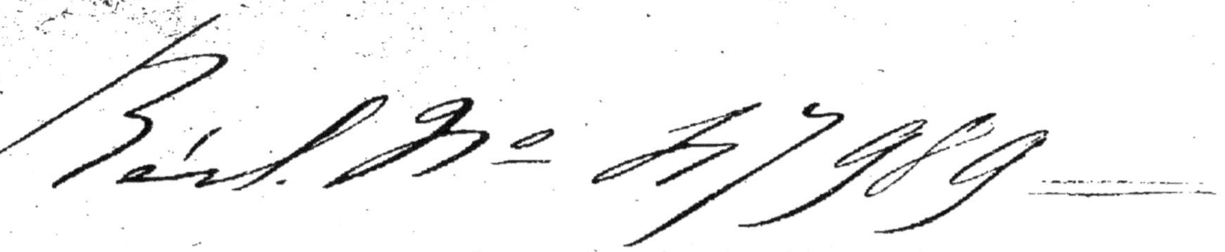

L'ART LITTÉRAIRE

REVUE MENSUELLE

SOMMAIRE

Prix : 50 centimes.

Adresser toutes les communications au Directeur :

3, RUE DU FOUR-SAINT-GERMAIN, 3

Dépôt général chez GAGNÉ et BOULINIER, 19, boul. Saint-Michel

PARIS

REVUES & JOURNAUX

EURYALTHÈS

Drame en trois actes
par FRANÇOIS COULON
Prix : 3 fr. 50
(Envoi franco contre mandat ou timbres-poste.)

L'ART LITTÉRAIRE

REVUE MENSUELLE D'ART ET DE CRITIQUE

LE DERNIER DES SAINTS

Au sor, quant il s'aloit couchier,
En sa coté, sanz despoillier,
Et sanz plus de dras, se gisoit.
Une pierre a son chief metoit
Ou. j. fut, en leu d'orelier.
Il n'avoit pas à son couchier
Iiij. serjanz qu'el dechauçassent,
Et qui son lit li atornassent
De linciaux ne de covertor.
Avec li portot son ator.

(*Ancienne Chronique, XIIIe siècle.*)

Quand un homme de génie se trompe, disait Barbey d'Aurevilly, il se trompe plus complètement qu'un autre, il se trompe absolument, il va jusqu'au bout de l'erreur, et ses absurdités sont des absurdités de génie. Il y eut un saint qui était la symbolisation de la niaiserie, l'idéalisation de tout ce qu'il y a d'abject dans les superstitieux lobes des cervelles déliquescentes et dévotes. En le canonisant l'Eglise semblait avoir consacré la haine de l'Esprit et tenté, par l'apothéose de la bassesse, de justifier sa propre humilité intellectuelle. La glorification de ce curé paterne et bénin affirmait un tel mépris de la grandeur, une telle tendresse pour l'infime. pour le laid et pour le sale qu'elle en devenait, du coup, l'œuvre définitive et suprême de la dégénérescence religieuse, — et, après cela, de tristes fidèles s'étaient dit que la religion n'est plus qu'un souvenir historique, qu'elle gît dans les vieux légendaires, dans les Heures à images, dans la Patrologie, dans quelques architectures, dans quelques pierres taillées, dans quelques têtes de jadis, peintes sur fond d'or. Héros élu par l'Inintelligence, insulte permanente à la Sagesse, il s'appelait Lepou, et ses prénoms, Jésus-Marie-Joseph, inauguraient en sa personne la Trinité nouvelle qui a remplacé celle du *Credo :* Papa, Maman et le Petit, — abstraction la plus haute à laquelle puisse désormais s'élever le matérialisme animal des catholiques.

Il fut curé, et dès qu'il le fut, imagina de se soumettre à des pénitences dont la médiocrité fait pitié, lorsqu'on se remémore l'héroïsme de la mère Passidée de Sienne, de Henri Suso ou de Dominique l'Encuirassé. Se nourrir de lait et de pommes de terre froides, ne jamais se laver, ne jamais changer de linge, telle fut sa règle : il donnait des puces comme un chien.

Cependant, la stupidité populaire se fit admirative. La plèbe pour qui la joie suprême est la mangeaille s'étonna d'une abstinence volontaire et point répugnée par la sordidité, elle vint, regarda, flaira, fut charmée.

Peu à peu, sa clientèle s'élargit, accapara toute la dévotion élégante des environs. Des gens arrivaient, incrédules, tout à coup apercevaient autour de sa tête le halo d'une auréole. Les femmes se jetaient sur lui, le consultant sur leurs affaires, leurs migraines, l'avenir de leur dernier-né. Jamais à court, il répondait, prophétisait comme les almanachs, au petit bonheur, émettant des prédictions de cette force : « Vous réussirez, mais il y aura bien des obstacles à vaincre, bien des tourments à subir » ; ou bien : « Ne craignez rien, tout finira selon vos désirs ». Un paysan vint de soixante lieues, à cheval, lui demander « s'il n'y avait pas une somme d'argent de cachée dans la maison de son père, qui venait de mourir ». Une dame lui écrivait : « Mon mari est à toute extrémité. Sauvez-le, et il y a dix mille francs pour votre église. » Il ne décourageait personne et, faisant profession de tout savoir, dévoilait sans hésitation la dernière pensée de gens morts qu'il n'avait jamais connus, disait à une veuve inquiète : « Non, madame, Monsieur votre mari n'est pas en enfer. »

Il en arriva à ne pouvoir parler, sans pleurer, de Dieu qu'il appelait : « Mon bon Père ! » Sa niaiserie dépréciait jusqu'à l'Eucharistie : « Quand on a communié, l'âme se roule dans le baume de l'amour comme l'abeille dans les fleurs »; et encore : « Communier, c'est prendre un bain d'amour. » De vieilles femmes s'extasiant sur la richesse des chapes d'or qu'on lui avait offertes, il répondit : « Oh ! c'est bien plus beau au ciel ! » Il n'eut, en toute sa vie qu'un mot d'une noble humilité, répliquant à un sot qui l'appelait saint : « Moi, je ne suis qu'une charogne. »

C'était la curiosité locale, la richesse et la fierté du pays : on le vénérait à l'égal d'une source guérisseuse, car il faisait des miracles, épargnait aux gens des frais de médecin. Il suffisait pour être libéré de plusieurs maux, tels que la paralysie et l'épilepsie, de toucher sa soutane ou son surplis. Une dame lui vola son chapeau, le remplaçant par un neuf, mais sans se préoccuper s'il convenait au genre de cône que formait sa tête. Un marchand d'objets pieux déroba un de ses mouchoirs, le débita par petits carrés, tels que des reliques, mais garda la marque afin de pouvoir authentiquer indéfiniment d'autres mouchoirs sales, d'autres minuscules fragments de linge puce.

Son portrait se voyait partout, aux devantures des épiceries comme des cabarets : sur l'un, il avait l'air d'un vieillard coléreux et dyspepsique; sur d'autres, une bouche énorme et lippue étalait le sourire d'une brute contente; ou bien, c'était la face inquiétante d'un fou radieux; ou bien encore, une tête de cadavre à longs cheveux pleureurs, avec des yeux caves orientés vers le zénith.

On vendait à foison sa biographie : par M. X.,

avocat à la cour impériale de N. ; par M. Z., auteur de plusieurs ouvrages d'éducation ; par M. B.,
licencié ès-lettres ; par M. D., membre de l'Univer-
sité : et tous ces opuscules étaient semi-anonymes,
les auteurs désirant concilier les exigences de leur
foi avec la sécurité de leur position sociale. La no-
tice de M. D. se débita à quatre cent mille exemplaires ; lorsqu'on en acquérait dix d'un coup on
avait droit à une « prime d'honneur », une belle
image dentelée, la tête de cadavre à longs cheveux
pleureurs. L'ouvrage était précédé d'une épitre dé-
dicatoire à N.-S. Jésus-Christ, finissant ainsi : « De
votre suprême Majesté, — par l'entremise de votre
si digne mère — le dernier des serviteurs. » Madame de C***, « auteur de diverses poésies », fit
imprimer un poème où elle célébrait « son esprit
dégagé des voluptés mondaines », comparait le vieil
halluciné à « un météore égaré sur la terre, — des-
cendu pour planter sa tente dans cés lieux. » Comme
conclusion l'auteur se plaignait avec la sainte poésie, cette fleur du premier Eden, « périt sous l'étau
de la faim. »

Pour que toutes les tristesses fussent accumulées
en cette dégradante histoire, le gouvernement impérial le décora « pour honorer la sainteté de sa
vie », ce qui fut l'occasion à un ecclésiastique de
rédiger une nouvelle biographie intitulée : *Vie du
curé d'Ars*, surnommé le Saint, membre de la lé-
gion d'honneur. » Le pauvre homme, pour stupide
qu'il fût, ne méritait pas cette insulte ; il la reçut
avec cet étonnement un peu chagrin de ces bonnes

sœurs d'hôpitaux auxquelles les hommes d'Etat modernes attribuent des âmes puériles et vénales, des âmes de sous-officiers vaniteux.

De vastes pélérinages s'organisaient. L'administration fit tracer une route nouvelle et spéciale : en une seule année les omnibus du chemin de fer transportèrent à Ars plus de quatre-vingt mille voyageurs, sans compter les gens du pays qui venaient à pied ou dans leur voiture. Des familles se mettaient en marche, mues par un intérieur ressort, sans trop savoir pourquoi, abandonnant pour des semaines leur maison, leurs travaux, leurs cultures, retrouvant au retour, toutes économies mangées, la gêne et quelquefois la ruine, si vite tombée sur les malaisés, n'ayant acquis rien qu'une absolution hâtive et presque douteuse, — mais ils avaient vu le Saint, ils avaient baisé les marches de l'autel où il disait la messe, les pavés où il traînait la boue de ses souliers et c'était un grand réconfort pour ces âmes simples et crédules. La foi de ces gens auréolait leur sottise. Ils venaient vers la Délivrance, comme un troupeau d'esclaves, certains de trouver là la libération de leurs chairs rongés par le mal, de leurs âmes avilies par l'Ennemi, de leurs cœurs saignants des illusions que l'expérience en avait arrachées.

Les pélerins pauvres campaient dans le cimetière, couchaient sur les tombes ; et, dans les promiscuités nocturnes, ivres d'encens, de sueur et de bruit, ces pénitents naïfs commettaient la moitié des péchés dont ils se confessaient le lendemain.

Les riches s'ingéniaient à acheter leur grâce par des excès de bassesses. On vit un officier, admis dans la chambre de l'homme de Dieu, s'agenouiller devant lui, baiser la putréfaction de ses pieds, se vautrer dans l'ordure amassée vers les coins, se frotter la figure avec le drap du lit, gratter sur le pavé la sainte crasse, la respirer avec délices, l'enfermer en un sachet.

A l'église, la cohue était violente, on se disputait, souvent avec des cris et des coups, les places autour du confessionnal : alors des marchands de billets s'établirent, recrutèrent un personnel de sans-le-sou qui se tenait là en permanence, ne cédant son tour aux robes de soie et aux redingotes que moyennant le petit carton acheté d'avance au cabaret. Certaines nuits, car les confessions commençaient à une heure du matin, ces parts de joies atteignirent un louis et les familles opulentes, tout en criant au vol, versaient entre les mains des camelots les sommes requises par ces gardiens des portes du Paradis. Et rien n'était plus affligeant que le spectacle de ces lâches chrétiens venant mendier la protection d'un pauvre volontaire, croyant expier, tout d'un coup, au contact de ce misérable, leurs injustes jouissances, et, incapables de travailler eux-mêmes pour le ciel, exigeant du favori de la grâce l'immédiat partage de ses mérites et de ses bénédictions.

Cependant, le sanctuaire d'Ars eût été d'une incomplète abjection si l'on n'y eût vénéré, non pas seulement, un saint pitoyable, mais encore d'inauthentiques reliques.

Cette martyre qu'un faussaire inventa par esprit de lucre, afin de vendre de quelconques ossements puisés dans ces catacombes de Rome, où, sous la domination chrétienne, se firent à leur tour ensevelir les derniers païens, sainte Philomène régnait, presque l'égale du curé, dans la petite église vouée à tous les puérils sacrilèges. Elle reposait en une châsse gothique, une petite cathédrale en cuivre : on la voyait sous le vitrage, pareille aux poupées de cire des exhibitions physiologiques, couchée sur un coussin de velours rouge, vêtue de l'innocence d'une robe d'argent, — et plus d'un pélerin s'étonnait de la bonne conservation de ce corps, adorant le Tout-Puissant qui préserve ainsi de la corruption la chair de ses martyrs. Des broderies symbolisaient les vertus de Philomène et la chlamyde d'or qui vêtait ses épaules était le signe de sa gloire éternelle ; une agrafe en diamant faux maintenait la ceinture au-dessus des reins purs, disait l'infrangible chasteté de la vierge.

Le curé d'Ars manifestait pour Philomène une tendresse un peu gâteuse. Il l'appelait « sa chère petite sainte », ou bien « la sainte entêtée », celle qui, à la cour du Paradis, là-haut, dans les coulisses du concert céleste, persécutait Dieu le Père jusqu'à l'obtention des faveurs les plus folles et les plus imméritées. « Priez, disait-il, priez et si vous n'êtes pas exaucés, menacez la de dire partout que vous l'avez priée en vain ; elle est très sensible à de tels reproches, la sainte entêtée et elle tient à conserver sa réputation. » C'était aussi la sainte irascible, car elle avait frappé de cécité u un ecclésiastique qui la contrariait ; et aussi la sainte morte-vivante, car elle changait de position dans sa châsse, s'as - seyait, se mettait sur la côté, souriait, s'éventait avec ses palmes de martyre : il fut constaté que d'une année à l'autre ses cheveux avaient poussé notablement.

Une confrérie se forma pour exploiter le crédit de la sainte entêtée. Pour des sommes variant de cinq cents à deux mille francs, on acquérait les titres de fondateur, fondateur principal, fondateur insigne ; en dessous de ce tarif on avait droit aux appella- tions minimes de donateur ou de zélateur ; au des- sus, le brevet de bienfaiteur était décerné ; on vous offrait par dessus le marché l'inscription de votre nom sur une plaque de marbre « et au Livre des Elus » ; enfin le portrait « à l'huile » de tout bien- faiteur était suspendu dans la salle de réunion du Conseil.

Une image portait au verso cet alléchant pros- pectus. Paysage : à gauche un arbre à feuilles de maronnier ; à droite un olivier ; au fond une col- line lépreuse ; sur le devant, de l'herbe où étaient semés un croc, une araignée de fer, un fouet, un sabre japonais, un ciboire en forme de sucrier em- pire. La sainte était debout, couronée de fleurs, très décolletée, habillée d'une chemise bleue, froncée au col et à la ceinture, terminée par une frange d'or, bordée et galonnée de croix pattées. D'une main elle tenait une flèche, de l'autre une poignée de lys ; sur un manteau de cour éployé ses cheveux tom-

baient devoués, — et elle assumait, sous ce costume de féerie, un air épanoui et naïf.

Les deux grandes spécialités de la thaumaturge
étaient : pour l'âme, la possession démoniaque ; pour
le corps, les maladies secrètes. Tout miracle lui était
possible, mais dans ces deux ordres de misères, la
guérison était certaine, « à moins de mauvaises dis-
positions » de la part de l'implorant. On l'invoquait
encore avec une presque absolue sécurité contre
la stérilité, à condition toutes fois de la promesse
formelle que le produit du coït bénit portât, mâle
ou fille, le nom de Philomène. O jeune vierge
devenue un adjuvant d'alcôve !

Philomène était la consolation du curé de d'Ars
et Grappin son tourment. Délégué par l'enfer pour
tenter et affliger le saint, ce démon, pendant
vingt ans, obséda ses courtes nuits. Il prenait la
forme d'un coussin très doux, tel que de ouate, et
quand la tête s'y enfonçait, il en sortait un plaintif
gémissement : c'était comme un écrasement de
ventre de femme. Des souffleries se faisaient entendre pareilles aux renaclements d'un taureau
exaspéré ; un galop de cheval secouait les planchers ;
un troupeau de moutons piétinait dans le grenier ;
des voix criaient en des langues inconnues ; de petites bêtes incessamment couraient le long de sa figure ; sa discipline se tordait sur la table comme
un serpent.

« Nourrissez-vous mieux, lui disaient des confrères, dormez cinq ou six heures : c'est le moyen
d'en finir avec toutes ces diableries. » Mais lui ré-

pondait par la parole de Bossuet, en son sermon sur les démons : « Le jeûne fortifie et engraisse l'âme. »

Parfois Grappin venait en chef de bande et quinze diables se mettaient à imiter dans sa chambre le bruit de la mailloche d'un cercleur de tonneaux sur le fût vide et retentissant. Ensuite ils reniflaient avec fureur, projetaient sur le lit par leurs naseaux du sable et du gravier, sortaient en contrefaisant les grognements du porc, les hurlements du loup, les jappements du chien.

Ingénieux, Grappin variait le supplice des insupportables bruits : il fendait du bois, rabotait des planches, battait du tambour, puis criait : « Viens donc, curé, j'ai une place pour toi ! » Une nuit, il y eut entre les deux ennemis une terrible lutte, et au matin on trouva le saint victorieux, mais évanoui, cruellement brûlé et mordu, à moitié enfoncé sous sa paillasse retournée.

Ces persécutions le crucifiaient et le tuaient. Le moment arriva, vers la soixantaine, où il dut restreindre l'activité de sa vie, et enfin tout travail lui devint impossible. Quand il garda la chambre, ce fut bref. Il mourut sans agonie, en disant à une dame qui voulait chasser avec un éventail les mouches qui lui couvraient la figure : « Non, laissez-moi avec les mouches. »

Quelques jours auparavant, il avait proféré : « Quand tout serait fini à la mort, une vie d'amour, ce serait encore un bonheur au-dessus des forces humaines. »

Et ce mot ingénu suffit pour consumer, comme une flamme invincible, toute la Niaiserie, toute la Bassesse, toute l'Abjection, toute la Honte, toute la Turpitude, toute la Bêtise, — et l'on se prend à trembler devant ce vieux somnambule qui, au fond de sa réelle stupidité, aima l'Infini, qui adora le Mystère, qui s'identifia avec la Cause, — et l'on se demande si les plus humbles intelligences ne sont pas les privilégiées de l'Esprit, — et si le dernier des Saints n'est pas le premier des Hommes !

REMY DE GOURMONT.

OUVERTURES DE TRAGÉDIE

(1 en majeur)

Que les capitaines vainqueurs ont une odeur forte ! —
Ils absorbent la route à hautes enjambées — Trop d'effet
d'effort : gare aux lendemains de victoire ; les portes —
S'exhaussent à leurs yeux mûres pour la flambée.

Les portes font quinte en arrière sur leurs claviers que
le vent ébrèche — Maint Hocco dénigre ! Chaque lance
illicite en fourcheure dans l'arbre — Tordu bruit...
Qu'ils ont odeur, vraiment ! l'haleine revêche — Du sang
aux cuivres des flûtiers ; se cambre le sabre !

Au milieu du matin confus de parfum ; un Christ,
chien rude ; la plaine encor patiente... On commence à
s'exercer : timbale, triangle, hostilité : conquérants ;
votre enfant et la femme sororiante — Au bois du souvenir sur leurs seuils chéris effrontés...

(II) Comme des mets brûlés, nos bobos engrelés ; par
l'as de pique d'ongle et d'arme ; la stoïque fièvre s'y
trompe — Or voici qu'en leur sieste vos projets cruels
coagulés — sacrifiés sont vers un Ciel qui n'en tiendra
pas compte !

Le et leur malheur nous avait atteints rien que deux
fois — (Avec nos étendards le camp depuis la croix de
pierre) — Notre sang devient noir soudain sous ce ciel
aux abois — Des taons bleus et gros y grimpent en
cimeterre.

Comme de juste vinrent prêtres et pélerins après la
guerre. — Trouvèrent le chien mort fidèle sur la route.
— La mouche y verdoyait... dans l'œil bas phalange
d'ornière. — Le chant ; le chien si doux ! le troupeau : le
mal se broute.

Fini donc le combat. Partout, par les chemins. — On
voit germer et se presser des doigts de mains — Mais
comme le regret fait notre âme assaillante — La Mission
à maudit la trace sale et vaillante !

Les conquérants... là-bas... avec... leur... odeur forte.
— Qu'ils ont laissée chez nous, sous l'arbre et sur la
pierre. — Ils sauront ça : leur tête retardataire souvent
clouée à la porte, le sang ! y fuit, y bruit avec un bruit
d'écume de bière.

(2 en mineur)

Curés, aimez-les donc bien, vos vieilles servantes !—
Vous les aimez, pas vrai ? allons : sur vos genoux, —
Prenez-les : tandis que leurs prunelles, ferventes (comme
au repos le sphinx de nuit offre l'ocelle de son aile) —
cessent de fatiguer, leurs bras noueux et fous — en confiance à vos genoux.

(Bientôt le soir. C'est la prière, sa saison —
Faudrait dire votre oraison)

Vous entrez. Elle lavait la vitre et le cuivre — Oh
comme elle s'attarde au rouage du labeur ! Clair et lacté
ainsi que vos yeux ou les leurs — Dans la cuisine allez.
Très purs quoi qu'il arrive — (leur tenue est sacrée ; que
craignez-vous d'entrer ?) — Ramassez-là sur le parquet
où vient s'ébattre Leur douleur — Et puis, vous l'em-
portez, corbeaux de la douceur — Sur la chaise ou sur

le pupitre ou sur la table — Et vous la caressez sur les
rides de son cœur — Sur le front et puis sous son bonnet blanc de sœur — En *Leur* balbutiant l'amitié comme
une fable.

Et comme vous sentez la chaleur de leur saint grémion,
et goûtez désormais le charme de leurs vieux bons yeux
— Et comme la confiance est médiation — Or elles
épèlent qu'elles sont mieux — Déjà ; les cuivres ont encor l'empreinte de leurs mains aux flancs.— Oh l'éternel
baiser de la servante et de la reine, et ce délire de fer-
veur en vous dieux, vieux, heureux, par quoi vous êtes
sauvés de l'amertume Hyène pleine... — Et vous les
tenez longtemps et toujours sur vos genoux — Et tout
saintes elles se reposent sur vous !

*(Bientôt le soir — Votre prière est sans raison. —
Faudrait dire votre oraison).*

En haut, c'est le son du piano que joue une vieille
amie. — En face, quel son de corde ! mais, la servante
vous lui dites : m'amie — La porte est ouverte. C'est le
jardin et puis l'Accord— Et les bleus yeux de la servante
pressent essor — Palmés et frais comme aile de noc-
tuelle, les beaux yeux d'aigle de la servante battent
encore.

Ralentissez donc violons du ciel et des vergers — Fu-
rieusement ! avec ensemble, car c'est l'amour sans danger— : les prêtres ont bercé muets et réfléchis les vieilles
servantes — Et celles-ci leur ont tout dit : Vœu bien
plus que désir en ce bon cœur — tout lentes — En arrêt
sur vos genoux, et la tête sur votre sein ; — la main
naïve sur le rabat à vous — le bras rouge à nu, ce n'est
rien ! Qu'un peu de repos et diversion dans la Redite ;
tandis qu'elle n'ose se lever interdite ! Ralentissez donc,

violons du ciel et des aïeux : Prêtres vos doigts sont ra-
fraîchis dans leurs cheveux — Vous les filez comme la
laine avec vos gestes de doigts de fuseaux — Vous en
gardez après votre ongle et votre Regard sommeil —
Vous en gardez en l'eau de vaisselle — l'eau grasse où
votre main rencontre la sienne, la tienne o douceur ! —
Elles vont nettoyer vos sabots de la bouse du chemin,
mais se vont relever plus pures, et pour toujours, dès
demain — Bercez-les, bercez-les encor sous les yeux de
sa Fille à elle, — Et Dieu vous couvre de son aile.

*(Bientôt le soir, dernier office de Raison — Vous dites
bien votre oraison ! Nous ons fini notre oraison).*

Léon-Paul Farrue.

LES REPOSOIRS DE LA PROCESSION [1]

Le sexe des âmes

à Mme Jeanne Jacquemin.

Ce soir là, Lyane, occasionelle lectrice (Lire est un supplice au-dessus de mes nerfs, usage qu'au surplus je trouve indélicat sinon coupable. Le poète y gâterait sa treille, les idées voisines entrées par les yeux s'imposant aux veines ; son stage fini et reconnue son originalité, le poète doit ne plus lire qu'en lui-même, s'il veut rester soi. Laissons aux déshérités le privilège de la lecture, abandonnons-en le sacrilège aux lugubres forbans de l'assimilation. Cette aumône soutient ceux-ci ; mais ceux-la, quand ils lisent, dirait-on pas qu'il forcent un crâne — ce coffre-fort par excellence?), donc ma maitresse, utilisant la patience de mes oreilles (ces yeux crevés !), avait de sa voix ardente illuminé l'une après l'autre les bizarres verriè.es que sont les annales de celui, fils d'un laboureur de Dardanie, qui de son escabeau fit un thrône.

Plus que la chronique de la splendide Théodora, mime aux bras divins et goule aux cuisses diaboli-

---

(1) Tome II. Le Tome I vient de paraître au *Mercure de France*

ques dont l'action sur Justinien fut absolue, nous avait diverti la controverse de leurs mystagogues sur le sexe des anges.

On en vint à discourir sur le sexe des âmes.

Des questions se posent :

— L'âme de la femme est-elle du sexe féminin ? l'âme de l'homme est-elle du sexe masculin ?

— Le sexe de l'âme de l'homme et celui de l'âme de la femme sont-ils masculins ou féminins ? ou bien ces âmes seraient-elles hermaphrodites ? à moins que d'aucun sexe ?

Finalement je propose :

— Si nous en appelions à nos âmes ?

— Soit ! accède Lyane.

Incontinent, la lampe éteinte, l'un et l'autre de nous « enchanter » au moyen de caresses sonores, ces notes de musique des intimes évocations, tout en nous embusquant soigneusement derrière un simulacre de sommeil, les cils mariés avec entre eux une arrière pensée de divorce.

La lune montait faire téter les étoiles.

Ici-bas c'était l'heure où les fantômes sortent des cavernes relatives pour aller boire...

Le fantôme — indigène de l'Universelle Cécité — ne daignant émaner que lorsque s'est dissipée toute crainte d'être vu, nos yeux s'efforçaient de s'annihiler de plus en plus sous la paupière à la manière des louis dans un gousset d'avare, sans toutefois cesser de nous guetter mutuellement.

Un jet de lait firmamental descendit ébaucher au

milieu de nous comme une fine main de sage-
femme...

Cela devenait étrange.

Enfin, le charme opérant, voici qu'une *forme*,
plus ténue qu'un convive de miroir, émane de
chacun :

D'elle, un *faune*.

De moi, une *nymphe*.

Oh nos deux âmes, là, dans la marge de féerie !...

Ainsi donc l'âme de ma maîtresse était du sexe
masculin et mon âme du sexe féminin !

Que d'anciennes choses alors comprises, dans un
éclair !

Les deux Apparitions échangèrent un sourire
ainsi qu'on échange un salut bref de la main, tant
leur sourire fleurait l'indifférence polie, la conve-
nue singerie des masques. Loin de se baiser sur la
bouche et de s'allier, elles paraissent chercher
ailleurs, rêves d'adultère réalisés : hypocrisie nue,
comme si notre désir foncier se concrétisait, comme
si notre intimité s'extériorisait en elles.

Divulgation du secret de notre côte à côte in-
sincère...

Ecartèlement de deux écailles entre lesquelles
une perle, — la perle *d'autre chose*...

En un mot c'était la Vérité sur la margelle..

L'Aveu !

.

Trois ans après, Lyane et moi dûmes nous séparer.

Bien que cette séparation parût d'intelligence, tardive certes, nos deux folies (o les jours de tempête son œil qui s'ouvrait comme un eustache !) je ne pus maîtriser l'authenticité de mes larmes...

Or, comme mon adieu se penchait afin de baiser la cage de son cœur (Lyane, t'en souvient-il ?), j'entendis rire dans elle le *faune*.

Avez-vous observé qu'une innombrabilité de Maîtresses danse autour d'une innombrabilité d'Amants effondrés parmi les chimères du tapis, la cervelle éparpillée, les doigts encore crispés sur un aboiement d'acier ?

Eh si c'était une loi générale : dans l'homme une âme féminine et dans la femme une âme masculine ?

Il se pourrait que le Créateur, déjà très vieux à l'aube du monde, ait été distrait au subtil instant de verser telle et telle âme dans les deux vases d'argile du Paradis Terrestre ; à moins que Sa Justice n'ait jugé prudent d'équilibrer la gent humaine et de rendre égaux en une certaine mesure la femelle et le mâle.

Mais mieux vaut croire que, profitant du premier sommeil du Démiurge, tu te sois fallacieusement mêlé de ce qui ne te regardait point, Satan !

Saint-Pol-Roux.

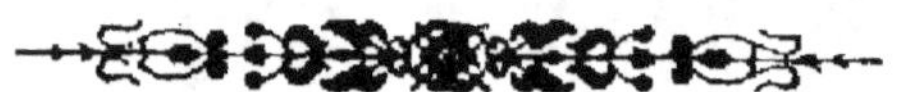

AMES SOLITAIRES

Toute connaissance étant comme forme d'une matière, l'unité d'une multiplicité, je ne vois pourtant en sa matière qu'une quantité évanouissante, conséquemment nulle s'il me plaît, et cela seul et véritablement *réel* qu'on oppose au vulgairement dénommé réel (à quoi je laisse ce sens antiphrastique), la Forme ou Idée en son existence indépendante.

Encore que j'aime plus au théâtre le déroulement du rêve en banderolles mauves ou fils de Vierge que la marche échiquière de thèses dont nulle n'est ni ne peut être neuve, chacune est trop asymptote à sa réalisation pour que Gerhart Hauptmann ne nous ait pas donné, au lieu de la tabletterie redoutée, une pièce de très haut Idéalisme, touchant plus même que l'Ennemi du Peuple, parce que plus près de nous. Ceux qui vont les yeux baissés vers la terre dénombrent les lessives, tartines beurrées, pour eux réminiscences zoliques, inexpérients que l'Idéalisme s'exhausse plus aisément sur le marchepied du Réel qu'il ne se suspend à la Cardan en un nimbe; et que platoniciennement il fut défini d'un mode très large la Vie dès Idées.

Or voici ceux qui les incarnent :

Johannes Vockerat tout intellect; Kaethe toute sensibilité, qu'imitatrice elle mêlera de quelques germes moins sympathiques que cérébraux, d'après Anna Mahr : par faiblesse et besoin n'appui. Johan-

nes, orgueil fait de force suffisante solitaire, s'en-
roule au cartésien anneau de son intelligence. Deux
sphères fermées incompréhensibles l'une à l'autre
quant aux langues adéquates à leur essence ; phares
qui contingemment tournent, plus souvent librent.
L'une chez Johannes s'échancre et s'irrite à l'intru-
sion de Kaethe : les Pensées que son front exsude,
ainsi faisant acte de Vie, s'interrompent en épar-
pillement effrité : du choc de l'intellectuelle existence et de la vie pratique, le néant, comme un serpent de sulfocyanure à sa naissance flamboyante
rentrant ses cornes oculaires sous le dôme tombant
d'un doigt. Or Kaethe un instant imitatrice encore
sans doute et par comme Johannes nécessité d'analyse, discute, empruntant le verbe marital, devient
donc partiellement intellect et compréhension de
Johannes ; qui par contre-coup partiellement aussi
s'identifie à Kaethe. Par deux points contingents et
tangents de leur âme et seuls ils coïncident.

Chacune dans sa tour de diamant percée d'une fenêtre ou meurtrière unique, les Ames (conservons
ce mot de Cohen plus philosophiquement explicatif
et précisant que traduisant, malgré le titre du drame
édité chez Fischer : Einsame Menschen) dorment
solitairement centrales aux hamacs arachnéens, se
croyant ouvert le domaine des vérités parce que le
transparent dur les encercle imperçu ; leurs grands
yeux glauques de fœtus ouverts sur le piano où tout
dans les accords d'Anna Mahr se résume : « Zum Tode
gequält durch Gefangenschaft, bist Du jung gestor-
ben. Im Kampfe für Dein Volk hast Du Deinen chr-

lichen Kop niedergelegt. » Et symboliques sur tous ces ronds glacés dans la verdoyance de cornée du lac tournent huhulants, cerfs-volants japonais sonores en leurs cercles railleusement inextensibles, les trains engoulevents.

Johannes vit pour la Pensée, et pour la Pensée Anna Mahr. Donc, syllogistiquement... mais intellectuels, amis non amants, juste assez de charnel inconsciemment désiré, d'envoûtement senti nécessaire (photographies) pour faire l'amitié vivace, sans potacheries, trop philosophes pour ignorer que l'Idée déchoit qui passe à l'Acte; l'une gynandre en spontanéité, l'autre d'irrésolution (parfois) androgyne, semblables par l'interversion de leurs sexes : union de noblesse socratique; Nisus et Euryale cérébraux, non musculaires, avant les nuits sous la même tente.

Égoïstes tous deux, d'après la banale définition de l'amitié ou de l'amour. Pour le petit Philippe, pour ses vieux parents, pour Johannes, Kaethe de toutes ses forces « d'oiselet blessé ». Pour tous, les parents, avec moins d'efforts, confiants que Dieu les soutient.

Dieu solitaire comme les âmes inférieures; sphère fermée comme son Image, parce que parfaite à la fois et embryonnaire : nature naturante pour le panthéiste Johannes, auguste artisan pour le pasteur et les vieux Vockerat et Kaethe peut-être; rien ou l'inexpliqué fatigant pour Braun, il s'abstient d'intervenir au frottement âpre des êtres aveugles. Chez Hauptmann, pas de poncif panégyrique de Darwin ni de Haeckel, malgré l'entrée comique de Kollin au cirque des portraits; mais Dieu au-dessus de tout en sa gravitation planée et par là écarté — d'où l'inutilité d'expliquer sa nature — ; et des Dieux subalternes autonomes et autodoules, le Quatrième-Commandement, frappant lancés par la malédiction l'être à abattre au gré mécanique de qui même incompétent les invoque.

Ames solitaires heurtées sans pénétration — mêlée sans mélanges — en éclats douloureux, d'autant moins conscientes de leur solitude que moins intellectuelles, le vieux Vockerat et sa femme, simples par l'esprit, souffrent le moins — et ils ont où se cramponner. Kaethe, l'Idololâtré englouti, tombe les mains s'effarant au vide du piédestal. Mais elle vit pour l'amour, et de son amour est né, sur qui il se reportera, une créature terrestre. — Johannes Vockerat et Anna Mahr, Dieu l'un pour l'autre, selon une tant vieille théorie, au souffle des trains — chœur antique — dans les sabliers vides et du tic-tac lunaire horé de fugitifs ailerons, perdent tout appui séparés. Et seuls leur esprit est assez grossissant pour s'enneiger à la trame de verre circulaire où s'étiquette leur moi. La grosse chouette noire griffue sur les rails a ricané le départ d'Anna Mahr; et Johannes, frappant pour l'avertir d'ouvrir son linceul le plat tambour de l'eau, la tête plongeante de graine flottante qui crèverait vers le nadir sa collerette horizontale, se perd dans un cercle — toujours — mais grandissant de diamètre jusqu'à l'infini, avec les bornes de sa Solitude.

Les Idées volent et sautèlent de leurs pieds feu-
trés, animant des acteurs exactement adéquats à
l'œuvre signifiée, dans le demi-deuil autour de la
Lampe verte sur les tables rouges, où Vuillard a
allumé la vie végétative qui fait si pâles les mains
de Kaethe. Les Idées volent et sautèlent par les plis
du chef-d'œuvre bien hauptmannien, combien que
des similitudes déforment les encéphales apédeutes
qu'écrase encore Rosmersholm et qui rêvassent de
Maeterlinck encore aussi pour quelques phrases
brèves de sortie, un enfant emmaillotté de Méli-
sande, et le prologue ventriloque et grandiose avec
les hou-hou lointains du décor dans leur debout de
servantes noires lessiveuses de meurtres futurs,
plus souvent couchés et fuyant — faisant par con-
traste plus hérissés les cheveux écouteurs — roux
et velus de queues de renards passant sur des plats
danois de porcelaine qui luisent ; couchés et fuyants
aussi comme les pas de cette vieille par l'escalier
de service où le prurit dans les tympans, après un
stupre démonial, des hoquets dans la rue d'un chariot de ferraille.

ALFRED JARRY.

DEUX SPLEENS

I

Les grêles ibis de papier, collés
aux écrans de riz du petit boudoir
plangorent qu'il est d'amples envolées
près des grands lacs verts, des grands lacs de moire.

Les sabres pendus en des lignes lasses,
babiole aimable à tels petits doigts,
geignent qu'il est des tueries et qu'hélas !
un sang clair les a rougis mainte fois.

Pinçant des moues mièvres et désolées,
les mousmés, esquissant d'exquises poses,
minaudent qu'il est des hommes hâlés
et des crépuscules mauves et roses.

Et les Bouddhas grognent que leur destinée
fut d'être encensés en des temples de bambou ;
et les vases au col gracile qu'ils ne furent faits pour orner
des étagères d'acajou.

Et le jour qui meurt se traîne, oblique
et sale, parmi le petit boudoir...

Et tout cela est si mélancolique
que j'en pleurerais volontiers, ce soir.

II

...... Et c'est le fleuve malade
qui se traîne parmi les arbres,

parmi les pauvres arbres, et leurs squelettes
et parmi les tas de houille violette.

Comme il est triste, comme il est jaune
ce pauvre fleuve d'automne !

Et comme il s'enfle, tel un sanglot
tout près — on croirait — de crever en ilots !

Et ces steamers à la fuite oblique
avec leurs cris de mouettes mélancoliques

crachent un jet grêle qui salit
ce ciel de buvard, ce ciel gris, si gris !

Et mon cœur sombre en leurs remous,
mon cœur qui s'enfonce avec un bruit mou

mon pauvre cœur qui balle, loque
et que submerge et que noie l'eau glauque

et triste du fleuve malade
qui se traîne parmi les arbres......

Maurice Cremnitz.

LES LIVRES

Le Démon de l'Absurde, par RACHILDE (Edition du *Mercure de France*). — Le nom, même connu, d'une femme de lettres sur la couverture d'un lire, même joli, nous inspire toujours une crainte de lire. En ce sens, Mme Rachilde n'est pas du tout femme de lettres. Je n'ai trouvé, fanée parmi ces pages, aucune pensée sentimentale.

Monsieur Vénus, la *Marquise de Sade*, le *Mordu*, *Minette* ! Où êtes-vous, titres inviteurs, étuis de cartes transparentes ? Rien ne reste ici que le talent de Mme Rachilde. Elle en a beaucoup. D'abord, citons les *Vendanges de Sodome* que je préfère à tout le reste, puis les hantises aux dénouements tragiques (*l'Araignée de Cristal*, *Volupté*) ou ridicules (*le Rôdeur*, *la Dent*), enfin le poème en prose : *les Mains*, et ces *Fumées* dont l'autographie (écriture « appliquée » de petite fille sensuelle) intéresse le psychologue.

Mme Rachilde use volontiers d'une forme neuve : la « scène » écrite comme pour le théâtre. C'est une heureuse ressource : nous sommes déjà blasés de la « nouvelle », nous qui ne lisons guère de romans !

Après une sagace préface de M. Marcel Schwob, M. François Guiguet dessine un portrait point flatté de l'auteur du livre, auquel il attribue des yeux extatiques. Mais qui peindrait le visage délicieusement félin et spirituel de Rachilde ? LOUIS LORMEL.

LES GENÈSES : **Le Cycle évolutif** (livre-préface), par FRANCK VINCENT : (à l'*Idée Évolutive*).

Parmi les œuvres fragmentaires, de disparates et courts poèmes, que produit ce temps — car les deux seuls poètes fortement doués, issus du paradoxal Symbolisme, MM. Henri de Régnier et Francis Viélé-Griffin, n'ont malheureusement pas tenté l'œuvre-une — voir un Jeune partir sur le plan d'une œuvre de longue haleine, m'intéresse sincèrement. Et si, comme M. Franck Vincent, il ose dès maintenant s'associer à l'inéluctable lutte qui emportera victorieuse les agonies de Parnasses et de sentimentalismes et de religiosités actuelles, et se réclamer de la Science comme base à ses spéculations, il me ravit. Tout sentiment de personnelle joie, par moi mis de côté, tant il me semble naturel de suivre cette voie, où d'exemple j'appellai — se prouvant la vraie à l'Avenir.

— M. Franck Vincent, en ce rapide poème-préface, à grandes lignes décrit l'évolution de la Matière en son devenir à l'Être : inorganisme à pensée. Et ce mouvement, d'une ingéniosité de savant poétiquement somptueux, il le décompose en tous les états transitoires de la Courbe — m'honorant d'admettre comme figure du mouvement primordial universel, l'Ellipse.

C'est donc un livre très personnel que celui-ci, de quelqu'un dès longtemps acquis par leur beauté même aux sciences biologiques. Je regrette, hélas ! de ne pouvoir démontrer de quel sobre lyrisme, M. Franck Vincent sait chanter ces choses, que d'aucuns s'obstineront encore quelque temps à qualifier d'arides et antipoétiques — ce « didactisme » ! disent-ils, ô les vides souffleurs de chalumeaux, que ne saurait entendre le monde socialisé qui se prépare et auquel ne sera adéquate que la Poésie sociologique. A M. Franck Vincent un seul reproche : il sied de n'abandonner la « forme » — et certainement il a, pour l'avenir, à soigner, diversifier, faire ondoyer le Rythme. Il ne trouvera mauvais ce conseil d'ami, très dévoué, et très charmé

René Ghil

Fusains, poésies par Jean Volane (Imprimerie Royer, à Annonay).

De M. Jean Volane, les *Fusains*, qu'admireront tous ceux pour qui le noir, le gris et le blanc existent, qui peignent un toit au noir d'ivoire, par insouvenance de la kaléidoscopique perception visuelle des violets mordorés et des roses de lèvres mortelles de ce manteau de cercueil plié, et ne savent faire jaillir du charbon lumineux manié des larmoyances de kahnien pourpre funèbre et de permanganate clair-de-lunaire. Poète de talent à encourager si sa grisaille est voulue — et elle peut l'être si l'on « n'y souffle pas trop dessus » — et qui a su quelques trouvailles :

> *La fumée...*
> *Se tord d'un air diabolique*
> *Et va se carder dans les bois.*

Citons : *A la Hâle, les Veaux* et la presque verlainienne pièce de *Novembre*. De très belles intentions du reste, car l'a tenté le masque financier de boutons de culotte en bésicles du Hibou planté comme une rave. — Mais Lautréamont l'avait entrevu et j'ai épluché jusqu'à la dernière écaille de pin l'artichaut de cette Bête, qui est notre mercure philosophique, notre Terre Sigillée, avec laquelle nous réchaufferons notre Or.

Alfred Jarry.

Au prochain numéro : *Histoires magiques,* par Remy de Gourmont (au « Mercure de France ») ; *Le Verbe auroral,* par José Hennebicq (Malines : Godenne).

NOTES ET ÉCHOS

Le 6 décembre, en la salle des Concerts d'Harcourt, très simple malgré les lumières baissées et la lampe cryptogamique en sa lumière souterraine, Gabriel Randon expose le programme de ses Conférences, d'un ton voulu de commissaire-priseur ou de qui lirait un mémoire. Mais vite il s'anime pour énumérer chaleureusement la foule des poètes contemporains, depuis les deux maîtres de cœur et d'art, Verlaine et Mallarmé, mis à part, et feu Jules Laforgue, jusqu'à Henri de Régnier, Verhaeren et Gustave Kahn.

Après le *Nocturne* de Cros, que nous aimerions dégagé de la musique de Marie Kryzinska, qui brise l'airain de sa triple rime de Dies irae, faite pour tourbillonner dans les trois bolges de l'entonnoir d'une voix de métal ; — *Marion* et la *Berceuse* de Corbières, chantées par Irma Perrot ; et les *Danses*, dites par Mlle de Riny ; la synthétique foule confond l'*Hyménée* de Massenet avec le *Carnaval* de Guiraud, et les cors même d'Esclarmonde ne la réveillent point de la maléfique erreur. Quelques intellectuels moutonnièrement flottent emportés dans la houleuse panique. Les beaux vers d'Albert Samain se perdent dans le piétinement, et Gabriel Randon a le courage de les déclamer aux murs des dos tournés et aux rocailles de l'entassement des têtes fuyantes. Peut-être dans le silence attentif, lui qui fit l'éloge au début de la soirée du chant de la Douleur, les eût-il récités vraiment tragiques, avec sa face de Christ longue comme une main de saint, haut et noir sur la scène vide sauf la floraison des pupitres crucifères. Et nous attendions toujours l'*Oraison* de Mauclair et le *Poème* de Pierre Quillard. Aussi, pourquoi M. Randon permit-il dès cette première audition qu'on brouillât l'ordre du programme, laissant la foule humble et bénévole, mais qui aime le tout prêt, — sans guide-âne ?

A. J.

Je recommande que l'intelligent prenne connaissance de la collection de Vollard (magasin rue Laffitte, près Notre-Dame-de-Lorette), détenant son exploratrice part de tableaux. Un plus libre Félicien Rops illustrant que « Haisne et Amour de prêtre sont de même viol ». Des Od. Redon parmi sa peinture mal fréquente. Des de Groux ophidiens. Des Gauguin ravagés avec lustre (1re manière). Des Guillaumin, puis tigres par Edme-Saint-Marcel, des Degas, Manet — puis Schuffenecker et Maufra. Bref chaque peintre amenant sentence. Je demande qu'on le visite.

L.-P. F.

Prendre le dessus pour voir les Gauguin, Whistler, Redon, Bonnard, Bernard, etc., détenus par Boussod-Valadon, sans préjudice des putasseries de la vitrine.

L.-P. F.

Le Gérant : COURTOIS

Paris. — Imp. A. Reiff, 3, rue du Four.

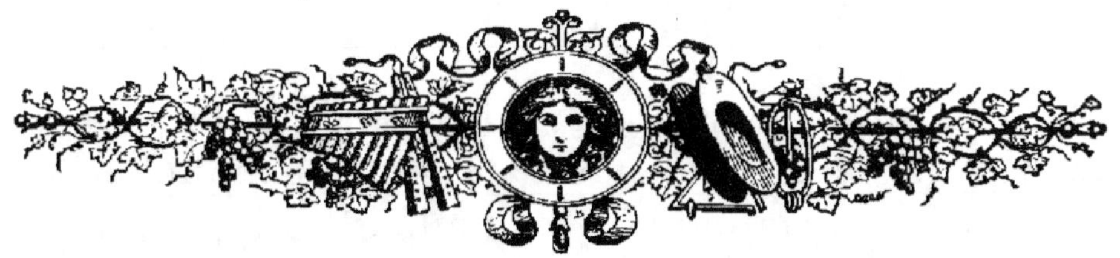

L'ART LITTÉRAIRE

REVUE MENSUELLE D'ART ET DE CRITIQUE

L'ART ET L'ANARCHISME

Après le geste de Vaillant s'éploie, multiplié par les glaces dorées d'un café, le geste d'Emile Henry. Ce jeune bachelier qu'énerva, parmi des liquides sirotés, un air de tziganes, déconcerte, en son improvisation, nos plus déterminés psychologues. L'Ecole, la Caserne, le Bureau formèrent nos esprits à la Règle; mais voici que parmi nous se lève un adolescent et qu'il s'écrie : je veux être libre ! A ce cri la maternelle Société semble la poule qui a couvé un œuf de canard. Encore quelques empêcheurs d'écouter en rond et cette fameuse Civilisatiou pourra passer en Amérique. En attendant, la Terreur commence. C'est que les actes précédents visaient les représentants de l'autorité, magistrats ou autres, et qu'Emile Henry s'attaque tout simplement à la foule. Bravo, toro !

Nous ne sommes pas anarchiste au sens d'Emile Henry. Celui-ci est un démocrate, un communiste-anarchiste. Son intention est philanthropique ; il croit préparer la délivrance de la multitude. C'est là que naît le malentendu entre les militants — ouvriers manuels pour la plupart — et les littérateurs, anarchistes. Tandis que les uns ont pour but une amélioration sociale, les autres, transposant en politique le principe absolu de l'Individualisme en Art, ne veillent qu'au développement égoïste de leur moi. Que nous importe l'affranchissement du plus grand nombre ? Notre individualisme est celui du docteur Stockmann, l'*ennemi du peuple*. Il tend, comme l'a très bien dit M. Laurent Tailhade, à la glorification du génie. Il n'empêchera pas Philippe de se faire élire député, à l'instar de M. Maurice Barrès Il n'est pas une doctrine politique puisqu'il consiste à mépriser toutes les opinions, pour considérer notre solitaire Psyché.

Et rien mieux que l'argent ne peut affranchir du vulgaire : sans argent, pas d'homme libre !

Notre anarchisme est tout aristocratique, les intelligences supérieures devant fatalement prédominer. En ce sens, Napoléon Ier est un admirable prototype : il a soumis l'Europe à son moi.

Si la littérature, sous le premier empire, fut indigente, n'était-ce point par son épuisement, dans l'attente des toniques que lui apporta le Romantisme ? D'ailleurs, quelles que soient nos préférences sur le genre de la férule, avons-nous besoin de nous solidariser avec l'anarchiste Jean Grave, qui n'est pas un littérateur ? La philosophie qui conseille le crime devient un danger public. La Société doit se défendre ; et son droit, et son devoir, nul snobisme ne le fera contester.

Donc l'anarchisme n'est pas pour nous une réforme sociale. L'idéal individualiste de tout artiste devrait être plutôt le Césarisme. Mais nous concevons très bien l'Anarchisme comme réforme de la morale. C'est l'antique philosophie qu'il faut transformer. Dire qu'il n'y a ni droit ni devoir mais seulement la nécessité de ne point nuire au prochain, et que tout le reste est permis, telle sera l'œuvre de ceux qui comprennent les besoins de l'heure présente. La littérature restera poésie ; mais que les raconteurs d'histoires sachent qu'on ne les écoute plus et qu'il est temps d'enseigner les hommes.

Louis Lormel.

FRAGMENT

Des sorcières chantent dans la forêt :

Sage, suis-nous, tu seras savant !
Bâve sur les fleurs de l'avril
donne aux corolles l'infâme crachat ;
lave, lave des béryls
dans l'acide urine des chats.
— Prends tes ignorantes sœurs
romps de tes dents le sceau des corsages
et marque au sein les sages vièrges
car, pour souiller longtemps avant l'âge
leur pâle songe encore innocent,
notre cruelle et subtile douceur
aiguise, perfide, ses baisers blancs.

— Sage, suis-nous, tu seras savant !
— Casse, écrase les fleurs de l'avril !
— Chasse vers nous la biche et le faon !
— A la traque, à la traque du mâle aux abois !
— C'est la carcasse de morts ignorants
qui brûle au farouche éclair des sarments ;
déjà l'os éclate en criant sous nos verges,
les arbres détraquent leur ombre en émoi...
Or trapp ! au sabbat !
          — Holà ! camarade !
Car roide au peuple épars d'ossements
rouges qu'érige le geste du Maître
Satan surgi de l'ombre émerge
vers tes timidités d'enfant.

1889.   ALBERT MOCKEL.

ÊTRE ET VIVRE

M. Ubu. — Ceci vous plaît à dire, monsieur, mais vous parlez à un grand pataphysicien.
Achras. — Pardon, monsieur, vous dites ?...
M. Ubu. — Pataphysicien. La pataphysique est une science que nous avons inventée, et dont le besoin se faisait généralement sentir.

Echo de Paris, du 23 avril 1893.

Au commencement était la Pensée? ou au commencement était l'Action? La Pensée est le fœtus de l'action, ou plutôt l'action déjà jeune. N'introduisons pas un troisième terme, le Verbe : car le Verbe n'est que la Pensée perçue, soit par celui qu'elle habite, soit par les passants de l'extériorisé. Mais notons-le pourtant : car faite Verbe la Pensée est figée dans un de ses instants, a une forme — puisque perçue — n'est donc plus embryon — plus embryon de l'action. — L'Action, il faut qu'elle soit au commencement pour le déroulement des actes du présent et du passé. Elle était, elle est, elle sera dans les minutes de la durée, par l'indéfini discontinu. — La Pensée n'était pas au commencement, car elle *Est* hors du temps : c'est elle qui excrète le temps avec sa tête, son cœur et ses pieds de Passé, de

Présent et d'Avenir. Elle est en soi et par soi, et descend vers la mort en descendant vers la Durée.

« Il vaut mieux vivre », répondent à tout les idolâtres de la mode. Lesteven, mort en beauté volontaire, tu les réfutes par ton bond simiesque ; et vous, squelettes qui me reniflez des mitres d'évêque de vos nez camards, vous ne daignez cette banalité, coutumière et au snob et au bourgeois sphérique. Vous ne vivez pas — malgré le témoignage des terrorisés qui vous proclament leurs passés compagnons de route, — ne le niez pas, vous ne vivez pas, il n'y a pas de mal à ça, vous faites mieux, vous Etes.

L'Etre, sous-suprème de l'Idée, car moins compréhensif que le Possible, est hypindéfinissable. Contente-toi, mon cerveau aux lobes luisants, de cette intuition, la fraternité de l'Etre et de l'Eternité. L'Eternité, contraire du Vivre, le détruit. Donc l'Etre aussi, pair de l'Eternité.

Or définissons son antipode prouvé, le Vivre.

Vivre est acte, et ses lettres n'ont que le sens du délire d'un hanneton renversé. Vie égale action de sucer du futur soi par le siphon ombilical : percevoir, c'est-à-dire être modifié, renfoncé, retourné comme un gant partiel ; être perçu aussi bien, c'est-à-dire modifier, étaler tentaculairement sa corne amiboïde. Car et donc on sait que les contraires sont identiques.

Etre, défublé du bât de Berkeley, est réciproquement non pas percevoir ou être perçu, mais que le kaléidoscope mental irisé SE pense.

Vivre ; discontinu, impressionnisme sérié.

Etre ; continu, car inétendu (on ne démêle pas plus les composants de O que de ∞).

Conséquemment :

Quand l'Etre devient le Vivre, le Continu devient le Discontinu, l'Etre syllogistiquement le Non-Etre. Vivre = cesser d'Exister.

Vivre, rappelons-le, est entendu vie de relation, vie dans la boîte de guitare du temps qui le moule ; Etre, vie en soi, sans ces formes anorthopédiques. Vivre c'est le carnaval de l'Etre.

Un Vivant intersèque votre Pérennité : versera le vin de son Temps dans votre Cristal hors-de-forme. Il ne vous modifie possible que si — contrairement aux choses connues — une seule parcelle de lui vous oint (habitude peut-être de Mithridate). Assimilez-vous le, pour que votre crainte cesse.

Ou qu'il disparaisse. Car l'Etre et le non-Etre sont fort proches, communs qu'ils sont par un élément. Insinué en vous, il sera transmué en votre substance ; expulsé loin de vous, il sera cru votre excrétion.

L'Anarchie Est ; mais l'idée déchoit.qui se résout en acte ; il faudrait l'Acte imminent, asymptote presque (1). — Vaillant de par son nom prédestiné

---

(1) Toujours. Et pour cela nul autre souci que d'entretenir le poêle des Actes.

voulut vivre sa théorie. Au lieu du Monstre incon-
cevable, fut palpable et audible la chute non fendue
d'un des grelots de son joyeux bonnet. Et pourtant
il fut grand. — Quoiqu'il fût contraire à l'Etre. —
Car l'Etre est meilleur que le Vivre. Mais — casuis-
tique licite — pour en paix avec ma conscience
glorifier le Vivre je veux que l'Etre disparaisse, se
résolvant en son contraire. Jour et nuit succes-
sifs s'évitant avec adresse, demi-tons, coïncidants
je les abomine ; et je révère l'ascension miroitante
d'un des deux seul.

Mes engins ne sont pas construits ; mais avant
que l'Etre disparaisse j'en veux noter les symboles
— et non cymbales, malgré la rime future, comme a
failli l'écrire (et avec raison, vous le saurez) ma
plume fourchante — que pour les petits enfants —
il fut bon père et bon époux — l'on gravera sur sa
pierre tombale.

Symboles de l'Etre : deux Yeux Nyctalopes, cymbales en effet appariées, de chrome circulaire, car
identique à soi-même ; —

Un Cercle sans circonférence, car inétendu ; —

L'Impuissance des pleurs d'un cœur, car éternel.

Tout meurtre est beau : détruisons donc l'Etre. —
Par la stérilité. Tout organe au repos s'atrophie.
L'Etre est Génie : s'il n'éjacule point, il meurt. Mais
les Œuvres exsautent les barrières, quoique je dé-
daigne de leur tendre à leur chute grâce à ma voix
l'anxiété des tympans d'autrui. — Par le stupre ;

inconscient avec l'ambiance et la fréquentation des Hommes, la lecture des Œuvres et le regard circulaire des Têtes. Quoique l'action et la vie soient déchéance de l'Etre et de la Pensée, elles sont plus belles que la Pensée quand conscientes ou non elles ont tué la Pensée. Donc Vivons, et par là nous serons Maîtres. — Là-bas, sur les étagères, ils ne vivent point, mais leur pensée ne récite-t-elle point à leur — qui seul peut comprendre — Génie, sur les trois cercles stridulants de l'ivoire de leur ventre irréel ?

Alfred Jarry.

UN SOIR DE POURPRE...

Un soir de pourpre ardente est tombé sur la grève
Et les légers frissons du vent m'ont apporté
Le parfum précurseur et l'aube de clarté
Qui devaient annoncer l'aurore de mon rêve ;

Je me suis approché du balcon automnal
Où mourait la chanson des feuilles frémissantes
Et ma voix a prié les vagues mugissantes
De chanter doucement quelque chant virginal ;

L'orage frémissait en roulant sur la terre
Et j'ai levé mes bras vers les cieux en courroux,
Aussitôt les sanglots des grands nuages roux
Cessèrent et l'orage aussitôt de se taire...

La mer de l'air si calme avait cessé ses cris
Et sur le grand balcon baigné des flots de lune.
La nuit faisait trembler une lumière brune
Chue à travers le ciel aux reflets blancs et gris.

*
*   *

Alors si belle en la lumière radieuse,
Dans un manteau d'écume aux franges de rayons,
Surgit devant mes yeux emplis de visions
Celle qui descendit vers moi rose et rieuse...

Ses mains étaient des fruits vivants de volupté,
Ses yeux étaient un gouffre où déferlait son âme,
Son souffle etait un doux parfum plein de cinname,
Sur sa bouche brillaient des roses de beauté...

Elle m'a dit : Je suis la fleur de tes délices,
La sirène adorable au rire de soleil
Et je t'initierai dans le baiser vermeil
Et je te ferai boire à mes divins calices.

Alors j'ai pris sa bouche ardente pour puiser
L'hypocras qui devait éteindre sur ma lèvre
La soif et j'ai senti frissonner pour mâ fièvre
Sa lèvre sous le poids brûlant de mon baiser...

*   *
*

Un soir de pourpre ardente est tombé sur ma tête,
Un soir de pourpre triste est tombé sur mon cœur :
Elle est partie un jour avec un air vainqueur
Et j'ai senti que c'était bien fini la fête...

Je me suis accoudé sur le balcon d'amour
Et puis j'ai regardé mourir les vagues lentes
Qui venaient m'apporter les senteurs consolantes
Des fleuves inconnus dans un lointain séjour...

L'orage a de nouveau grondé sur la contrée
Et les rayons de la lune se sont éteints
Car je ne verrai plus jamais les beaux matins
Où je marchais avec ma blonde rencontrée ;

Mais seulement dans les flots de la mer de l'air
Mes yeux verront passer des robes opalines
Transparentes ainsi que des algues marines
Et qui scintilleront sur des gorges de chair !...

Edmond Pilon.

LE PROPHÈTE

(FRAGMENT)

LE CAMP — APRÈS LA BATAILLE

Une jeune fille *blessée* :

Je veux aller là-bas avec les oiseaux de la mer ; je veux aller là-bas, où le ciel et la mer s'entrecroisent, où chaque vague porte une étoile, où tous les flots sont des diamants. Je veux partir là-bas pour ne plus revenir jamais.

Je veux aller là-bas avec les hirondelles de la mer ; je veux être bercée par les vents d'océan, ne voir plus que le ciel, ne voir plus que les flots, n'ouïr plus de chansons, de mots d'amour, ni de sanglots. Je veux partir là-bas, avec les hirondelles de la mer, et ne plus revenir jamais.

Mon père est mort d'un coup d'épée de mon amant ; il est mort en me maudissant. Ma mère est morte en m'appelant. Une balle de mon frère a tué mon amant ; il est mort dans mes bras sans pouvoir dire un mot, mais ses yeux regardaient là-bas, où le ciel et la mer s'entrebaisent, et son âme est partie avec les oiseaux de la mer, pour ne plus revenir jamais. Je veux aller où vont les oiseaux de la mer.

Je veux aller entre les étoiles et les flots, aussi loin que vole l'oiseau, je ne veux revenir jamais.

Pourquoi me parlez-vous ? Laissez-moi rêver seule, pleurer seule ; seule, appeler l'oiseau qui me prendra mon âme, et s'en ira là-bas, avec les hirondelles de mer, pour ne plus revenir jamais.

Pourquoi me nommez-vous mon frère? Pourquoi proférez-vous le doux nom de ma sœur? Je ne veux plus savoir aucun nom de la terre, je veux oublier frère et sœur, je ne veux plus ouïr vos voix.

Vous êtes les chansons et les cris ; vous êtes les ris et les pleurs, et la joie, et le deuil, et l'anxiété et l'espoir, et le désespoir et le deuil. Vous êtes tout ce qui torture : je ne veux plus vous ouïr désormais : je veux partir là-bas où vont les oiseaux de la mer, et ne plus revenir jamais.

Je ne vous veux plus entendre ; je veux sommeiller à jamais, bercée par les vents d'océan, entre le ciel, entre les flots, ouïr en mon sommeil les cris des blancs oiseaux, entr'apercevoir entre les paupières mi-closes les diamants des flots, les diamants des cieux.

Je ne veux m'éveiller qu'aux cris de mon amant, lorsqu'il me rencontrera là-bas, où vont les hirondelles de mer, et avec moi s'élancera vers un pays plus éloigné, pour ne plus revenir, jamais, jamais.

Je veux aller où vont les oiseaux de la mer. (*Elle meurt.*)

Pierre Valin.

LES CHIENS

à ma Mère.

Les hommes qui veillaient ont terminé leur veille,
Et comme le sommeil trompeur leur est venu,
Malheur ! tout frémissants de flairer l'Inconnu,
Pour écouter la mort les chiens prêtent l'oreille.

La lune ourdit les bois de fantômes errants ;
D'un psychique tissu la plaine s'enlinceule,
Et l'espace, qu'emplit la fatalité seule,
Balbutie au néant des mots incohérents.

O l'épouvante ! au loin de vagues perspectives,
En l'éther plein de songe où vague le halo,
Surgit un lunatique et vaporeux tableau
Aux yeux des chiens dressant leurs têtes attentives.

Le ciel occidental, le ciel illuminé
Augmentant sa splendeur de cruauté stellaire
Est l'énorme flambeau d'ironie où s'éclaire
Celui qui voit la vie en humble halluciné.

Et les chiens instinctifs qui devinent l'Enigme
Hurlent ! pour avertir l'homme du mauvais sort,
Lorsque les cauchemars volent d'un lourd essor
Aux mourants dont bruit l'ultime borborygme.

Et l'orfraie a crié l'anathème haineux ;
La haie a tressailli sous les funèbres ailes
Véhiculant l'horreur et l'angoisse avec elles,
Ligottant le présage en d'invisibles nœuds.

A l'invective aiguë éclatant aux lieux sombres,
Répondent les abois désespérés des chiens :
Ils enflent largement leurs voix de bons gardiens
Où la nue en deuil met la peur des grandes ombres

Dans le val, aux entours des peupliers dormants,
Par la pleine où s'agite une sorcellerie,
Noire et blanche la nuit docile se marie
Au timbre noir et blanc des amples jappements.

Le remous d'harmonie au lointain se propage,
Et l'espace complice, en l'idéalisant,
Transforme en un refrain d'imprécis paysan
Le signal qu'ont donné les chiens bavant de rage...

Leurs appels fraternels ainsi dénaturés
Et servant désormais à l'occulte traîtrise,
Sont la sourdine exquise aux flûtes de la brise
Qui modulent l'espoir des parfums capturés.

Et nous tous, enivrés par le philtre des sommes,
Nous dormons, doucement bercés par les abois,
Et l'orfraie et l'étoile et l'espace à la fois
Raillent les chiens navrés qui pleurent sur les hommes.

Eugène Thébault.

THÉATRES

J'éprouve fâcheux et ennuyeux d'écrire sur du beau théâtre. Que serait-ce donc avec une scène supérieure. Par l'air plus compact étreint, et brûlé à la perspicuïté, pour la transposition bernique ! Or en la scène de ce mois tout ce qu'on frèta pas mûr et survécu les mêmes généraux espoirs, Gros-Jean : J'enregistre disette de matière première, nippe, solde, argent mignon en ce que nul théorème de songe ne secrète l'empirique, logique coupon de son décor. Mêmes entrefaites incessamment faute d'une sérieuse réalisation. Voyons ; pour une fois. Tout cas adventice est à ce point prévu, *prévenu*, découragé, qu'on le plaide *coupable* et superficiellement *damne*. L'esthète possède une mémoire d'ange, mais un cerveau insuffisamment idiopathe. (Sur conseil), il ne date l'inné encombrant qu'après une longimétrique expérience. Emboîtant ses instincts et proscrivant le plus de fractions, il conviendrait qu'il pût reconstituer seul, bêtement, en toute vie nutritive, la zoologie du goût selon sa faim décorative, et sans acquis que grâce à soi s'accoutumât aux unités, évitant pour un futur proche et d'avoir appris l'œil ou le cube, le pratique torticolis coulissé de la reconstruction, ainsi qu'on présume un fossile selon la théorie. N'est-il donc compris qu'ambiance et décors de pareille caste sont exécrables? Point d'effort pour l'écho plastique, et que le visuel soit expansible. Négligence de concevoir la parole sans le geste, poids marqué, pour qui crée. Cette duplicité infinie de l'œuvre ne taquine personne. Qu'on essaye un peu de pantographie scénique, et que sans crainte et contre effective réalisation, votre vœu, à la façon du conte des trois souhaits, soi-disant à l'insu de l'acteur, aux yeux crépus d'attention fleurisse au papier de paroi très affectivement, par rapport à ce qu'évoque de richesse l'attitude ou simple la grotte du songe impavide et perdu. On me parle du théâtre des poètes à l'Œuvre avec glaces et fantoches, et d'un poëme oblong comme de la divine *Gardienne*. Nous verrons. Puis, mal au point, du projet de M. des Gachons. Laissez-moi tranquille que je respire. Revenons à l'Œuvre qui suit sa route de succès sans surprise, avec la quiétude (*still*, si finement, filtrant le clin d'yeux, tiret calme), que ce lui est dû; la bonne volonté subsidiaire aux petites défaillances d'une scène forcément furtive; l'avenir, qui ne lui est que du présent à l'étude, mouvementé sans défaut. Allons, tant mieux, et c'est toujours un point de repère d'institué; un « courant d'opinion » bâclé; *c'est ce qu'il faut.* Une foule s'y retrouve par ailleurs heureuse de se revoir. L'ARAIGNÉE DE CRISTAL est un fort bel enfantillage iconolâtre, point héréditaire, et j'opine avec faveur, à cet exemple d'un tempérament *subit*, traditionnel selon l'influence de la nature sur un homme *qui sait voir*, plus que familialement. Au diable l'hérédité ; car plus valeureuse est la moindre menue épouvante des objets, en vue de déterminer une vocation cérébrale. Mais pourquoi, infortuné, t'es tu voulu connaître mieux qu'en raisonnement rigoureux, et sur le point de fait la spéculation se venge ; t'excommunie. Voilà le miracle de tous les jours, petit frère en notre existence.

Nous ne savons point *les* varier et c'est pour cela que nous nous ennuyons. Nous fûmes instruits trop vite et si l'on nous avait présenté, un par un, les accessoires conditionnels de nos actions, ce serait durant encore la surprise affreuse. Il existe, sous notre main, des situations autrement cuisantes que ce que nous postulons de Dieu, et qui ne nous induisent en colère. Mais logiquement comment imaginer la convulsion du pasteur (*Rameau*) implorant uniquement la santé moyenne, sereine, et ce caprice d'un miracle dont nous mourons tous, tellement nous sommes jeunes de caractère. Nous n'en avons jamais assez, et la paix tourne en guerre. Nous sommes contre la force acquise, et discutons la précellence d'un contre tous ou inversement. Nous babillons, et il serait meilleur de respecter les moindres objets, la moindre créature, ou... ma foi de protéger le tout faible ou de peindre lampadaire et rinceau ou d'aimer le chien à l'œil lustral ; ou de nous révulser à genoux, pauvre cotylédon, ou de *divaguer* au petit trot sous l'aiguillage en piège de Jésus — humble, malhabile et menteur. (A la naïveté, faut protection, mais fière — et j'ajoute avec moue : eux aussi restent fiers). Qu'y a-t-il de plus faible que les dieux, et comment ne vénère-t-on quelque autre blessable naïveté Ah, faibles dieux! voici pourquoi vous existez, et que nous vous aimons un gros. J'essaye de me faire humble et simple en quelques phrases touchantes et n'y parviens. Et nous sommes furieux pour une vétille, un refus, un rien.

L'œuvre de : l'Araignée de Cristal est d'un esprit charmant, en grâce près de nous pour qui la Peur est revalescière efficace. Moi qui toujours inclinai puis-je dire, sur une épouvante remerciée d'avance, je me monte cependant sans opium ni rien, en l'arithme du désir, et cultive même la crainte qui trône dans les objets de cuisine, toilette, ménage, ces pièces à conviction nulle part sans tragique, alternant l'octave des sursauts, cadastre de la crainte, poterie de notre tour d'esprit sans vergogne et délicat à faire trembler, sans omettre que nous fûmes ému devant le cadre postface de cette fenêtre, passée comme un tablier de valet, vésicatoire et cafetan d'un jour qui baisse *sans qu'on lui demande pourtant l'heure qu'il est,* féculente aux lombes de Lugné-Poë, et d'un jaune de Naples d'ictère; Au-Dessus des Forces de Biörnson est pièce limpide comme les jeux du temps, comprise par Lugné, par Rameau. Pourquoi en discourir, et promener un tortillon sur cette clarté seigneuriale?

L'Image de Maurice Beaubourg, un ébat plus prenant que subtil et en lequel l'auteur certes, se préoccupe moins d'essayer vraiment une thèse cartel connue que plus profondément de donner car-

rière blanche à son cœur très bon. — Nuit d'Avril
a Scéos de M Trarieux, une puérilité bien écrite,
assez gauche, d'érudition malsonnante, et comme
de courtage, mieux que laquelle il vaut. — L'Automne, de Paul Adam et Gabriel Mourey, développée au Théâtre Moncey par une société... X, neuve
et bien intentionnée, — un exposé travaillé, serré,
d'un jeu de situations sain et ferme bien que chargé
d'une sociologie salutaire extérieurement, peu
compatible avec la distinction d'esprit de ses auteurs, et impayable à considérer MM. Adam et Mourey sont trop... déliés pour parler ainsi, pas vrai ?
— Axèl fut représenté le 26 février sur la scène
point trop étroite de la Gaîté. Pour l'instant, je ne
saurais émettre de réflexion sur Lui ou l'œuvre, et
qu'on empêche. Nous n'en avons pas le courage.
S'il faut, un peu plus tard s'il vous plaît, et quelque
délai pour notre incursion. L'occasion, je la sens
proche, de tout cœur. Mais ! s'il nous était toléré de
lire l'Essence en liquation dans ses yeux. Et comment il fut de choix professionnel voué au Christianisme, tellement que ce qui est étranger à la seule
Vraie Religion en son œuvre y converge selon qu'on
ressent, et que toutes les sectes y sont représen-
tées par ses sens... tout uniment, en juste capacité,
démarche de grave chic d'esprit. Que penserait-il
des schismes ? du bien aimant leur soldatesque dans
l'intérêt de son histoire. Lisez chaque livre en charte
promulguant ainsi que bulle, Intuition d'Ame à des
cas célestes... ouvrés, n'ignorant au point de vue de
la Grâce toute l'innocence forcenée de son imagi-

nation, et que tout son effort *pour le Salut*, ce fut croyant, qu'il obéit à son corps si totalement spirituel que ce n'est délimiter que la part *nerveuse* de l'esprit, filet si bien servi, mode de vivable mixture. Certes, nul acte plus théatral que de ce Monde religieux, couventin, leude. Et on conseillerait une chapelle de cloître plus unitone, où séjourne une épouvante que pressure mainte prélature, et ne demandant qu'à éclater sous des airs patelins O comme l'on chérit les allées et venues de l'Ordre, aux pérystiles au soir, et la rég'e, et comme je traiterais de ces sombres investitures au cloître de frontière, et de la hautaine et linière sœurette aux yeux de *lizet*. On corrigerait aussi : une moins lourde nef avec tout ce lé de boutiquaille ornemental, perspective déplorable, voûte mollasse, écourté pupitre, moleskine trompeuse, vitraux adhésifs Levens, non moins qu'un manoir « je suis capitonné » ourlé d'ocre bronchant, au style disparate, avec un tonnerre pas si savate, une tête de mort moins moëllon, point de trésor de jetons et papier Fayard, un duel houleux *selon les instructions de Villiers*. Cependant au début quelle diaphane et caillée lumière ! Le mal est *qu'on joua trop*, ne récitant, ce qui causa multiple solution de continuité, avec silences accablants. Mais brisons là et nous reviendrons sur des instructions pour ce jeu. Que de regrets cependant pour tous ces jolis trucs du livre sacrifiés, qui ne sont que notre penchant à cailleter, à faire les gros yeux, caprices d'enfant sublime, paté du petit seau du garçon gâté, doué de toutes qualités pour un futur

de vie sonore, artérielle, et devant lesquels on sourit et s'extasie ; louons *Mlle Camée*, en ce rôle d'Eve
Sara Emmanuèle de Maupers, ratatinant élocution
pour le grand coup, et parlant avec raison de cette
naïve *voix empreinte de sucre d'orge*, encore en
mue... à cause de l'âge.

Elle fut belle, à peine respirant (fripée sous le
filon de la croix d'encre qu'imbibe d'éclat la plume
gracieuse des cierges, plume de copie à réservoir,
pâte de jujube scolaire aux mains de chaque nonne).
— Mais que de regrets de ces descriptions de la
hache guisarme, du duel pèse-lettres, de la cascade
du Trésor, et de Leur Mort en la cave de réserve,
et de la plaine s'immisçant aux pilastres (rayon
contre un porte-bouteilles), comme des fourmis aux
membres, pour tenter ces forçats. Comme nous
sentons tout cela, mais *comment* le réaliser ? Louons
M. *Larochelle* de prestance dans Axël et bien ému
n'est-ce pas pour prononcer le nom du comte ; la
voix étonnante de *Raymond* en maître Janus, génial cordonnier, trop sous-maître d'éthique pour
cet encyclopédique d'Axël, de ce qu'il le rédargue ;
la voix de Mlle *Lara* grêle en sœur Aloyse, si tremblante qu'elle tente de sembler heureuse de son désespoir ; Mme *Rose Lion* l'abbesse, *Valcourt* le commandeur, brave homme point nuisible *comme nous*.
Après cela je pourrai relever, dans la grande Presse,
comment en la *Liberté* cet agouti de Monsieur Paul
Perret raconta la pièce de Biörnson, à faire se tordre, et que cette riche nature de Henri Fouquier
prouva, par une phrase sur la hache des ex-voto,

qu'il n'avait pas lu AXËL (toujours le même, donc?) Mais aimons Villiers surtout.

Ce n'est que dès six stations que vous le quittâtes. Il est encore du pays. Vous pourrez l'appeler pauvre grand sans avoir la patience de l'écouter et je me demanderai encore soudain pourquoi l'on se permettrait de l'appeler ainsi.

L. P. F.

MINUTES D'ART

De Miss Cassatt, talent comme tous les féminins fait de réminiscences, gardons le souvenir des deux femmes aux épaules d'ablutions, couleur de bai sable de mer, et de peut-être aussi l'espalier encore chez Durand-Ruel. Depuis Gauguin les expositions alternent en dents d'égoïne.

GUILLAUMIN a rajouté à ses œuvres connues une série de vues de la Creuse : arbres roux frisés, mamelons fermant le ciel de leur pelote ronde partout couverte de têtes d'épingle en pierres précieuses ; une des plus belles, le Moulin Brigand (Crozan), avec un arbre au fond qui miroite comme un lézard dans une grotte. Moins bien ses personnages : il faut entrer une salle plus loin pour la femme-fleur surgie des herbes... de Pissarro. Mais aimons toute sa verdure ocellée, pastels et peintures semblables presque, et les tas de chocolat mâché ou café de marc mouillé des rochers meuliers sur la sieste bleue du gazon des vagues. — Pourquoi n'y joignit-il point sa *Neige* fondante de chez Vollard, torrent couché comme un taureau, riant de toutes ses aponévroses intercostales ? — Et attendons aux murs refleuris les C. Pissarro et Claude Monet prochains.

Au gymnase des CENT, d'où la peur du poêle central exsuffla la sciure : les Marines et Paysages de *Ph. Charbonnier :* plans de ciel avec îlots géographiques perpendiculaire à des flots d'os de seiches ; mer de minces torsades, autre ourlée d'une grosse tresse de laine multicolore ; chute de varechs parallèles où s'agriffent des mains de rochers farineux rentrées vers un précipice ; mer encore avec balles de laine. Palmiers de côtes bleus, arbres de Noël, fougères. Mont conique : crâne ou vallée, coupe de puits artésien renversé dans un télescope. Vagues vertes et violettes imbriquées, maçonnant l'écaille des crocodiles. Arbres fleuris d'émail et porcelaine ; mont à pic de tender rectangle ; maison d'ermite ou de fou solitaire ; mer isolée en éventail ternaire.

De *A. de Niederhausern*, cires polychromes : l'Éternité, cyclope à l'œil nombril de son front ; Maternité aux bras de vaisseau qui roule. Desséchés sous le soleil désert, Judas vient-d'embrasser le Christ de ses lèvres cuites et noires. La tête de Gérémie trop modelée en trop de points, méplats dénombrés par les mailles d'un filet sans fin. Et dans la salle voisine, par la vitre, le buste de Verlaine. — Trois *Guiguet* d'attention tous : enfant félin, femme qui tricote et surtout la femme au balcon entre le vol des fleurs vite posées, les yeux tout près, qui sait que le soleil se lève régulier au bâillement des maisons. — Un *D'Espagnat* somptueux, balayant la route de l'ombre de sa barbe de fer..— Des *Cuvelier* aux fleurs de tapisserie, aurore ou crépuscule de toits charnus. De tapisserie aussi, un Iker.— Des *Ranft* ; d'*Osbert* la déjà connue Femme au Soleil et quatre panneaux derrière la vitre de la rosée. — *Séon* : tête d'Androgyne, crâne aux paupières battantes, crâne moine sur une embrasure ; le Fer, la Muse mystique, les Rubans. — Mais surtout nous retrouvons ici — modernité d'Holbein, Callot, Rembrandt et Albert Dürer, l'album de *Joseph Sattler* : lettres ornées, lettre déchirée sous des arceaux ; faux droite et tête coupée sous deux sceaux ; la semelle du bateau voguant sous le lunaire écusson de poisson mâchoire ; pendu avec clefs et couronne au croc, nuages liants sur portée ; les Cartes, la Trinité papale, et l'*Ende*, tête sur triangle avec menottes, sceaux ou grelots en banderolle.

Les Néo-Impressionnistes renouvellent leur exposition : le Pont et les quais de Port-en-Bessin, sous une pluie de sable de grève gros, et l'entre-deux des dents de la scie renâclant des râpures de corne : au métier de feu Georges Seurat n'ajoutèrent encore ni Signac ni

Van Rysselberghe. De Georges Pissarro, le Paon Blanc à la queue éventaillée de porc-épic en verre filé, décor du rideau de diamants. J'aime mieux ses bois et eaux-fortes du Carton Jaune qu'il remplit avec Félix : un chien ou loup de chevaux de bois, suspendu ; le chien hurlant à l'infini des vols nocturnes, illustration des chants de Maldoror ; la Chevauchée, encore qu'inspirée de Bernard ; et surtout les gestes pointus de grêles gens, wayang (poura ou gedod) javanais sous les arbres noirs contre l'air transparent.

La banalité forcée s'universalise de préférer les des_sins de MAUFRA à ses tableaux : peut-être parce que plus petit, devenu donc plus condensé, moins mou et aussi les os plus visibles. Rappelons pourtant la grève profonde, peinte de la falaise assis, jambes pendantes, le sable couleur de paupières que l'eau découvre de son couvercle à coulisses ; les champs bretons, marqueterie, habits rapiécés dont l'éloignement repasse le velours à côtes, une maison blanche dans un sentier, au toit rouge, dent et gencive sens dessus dessous. Une autre grève violette avec la mer partie, comme lorsqu'on court en rêve vers le bain du reflux, humé sous les pieds par le pharynx du sable. Un arc-en-ciel grésille cassé dans de l'eau de la Martinique, avec la chute glissante des varechs et goëmons. La Route, aux arbres de pilotis, avant vêpres : les cloches sont dans l'air, plus loin, derrière ces arbres.

Chez Georges Thomas, dès le 9 janvier, la vision vaticinée — à la lueur des chèvrefeuilles en dais de cirque sur le bassin à poissons rouges d'un Valtat — de RAVIER, chefs-d'œuvre inconnus encore d'un plus que septuagénaire, en l'atelier de Guiguet, le peintre de l'angoisse de deux têtes chez Le Barc en une lumière souffreteuse.

Surprise presque devant ces toiles exigues d'un qui devina plus qu'il n'apprit — sauf de Corot peut-être — en son ermitage lyonnais, disciple de la nature seule du

Dauphiné plus tard, saupoudrée par la poussière supra-terrestre de sa sensibilité de Doré.

Ciels de bleu rare aux touches larges, perpendiculaires en damier, évoquant les parallèles ou croix de Saint-André devenant ciseaux d'O'Conor. Soleils écrasés au centre, lumière traînée de filières d'araignées ou de vers-à-soie étalons, irradiant ses pentagrammes avant Van Gogh. Soleils — ou lunes aussi bien, aux clartés louches de Yan' Dargent (tableau du Lutin à la queue de seize aunes fouaillant les cavaliers) soulevant par leur chute un envolement d'atomes avec parmi — attendrait-on — la Fallotte des Contes drôlatiques détendant le fléau de ses fémurs de sauterelle. — La face humaine n'apparaît jamais : premiers seuls rêves de Thomas de Quincey. — Couchers de soleil de tous les rouges saignant ensemble en fournaises d'usines sur des buissons de Villes Tentaculaires. Haies et buissons de gnomes ou mandragores levant leurs paumes aux yeux des astres. — Puis herbes vertes de reposant véronèse, liseré de peupliers roux. Lacs romantiques avec au bord de miroitants toits de tuiles rouges. — Et deux aquarelles mi-gouachées du lumineux de ses toiles.

Aimer en même temps — d'un genre si différent — les musiciens de multiples études de Guiguet, l'un surtout à la face de feu de Bengale et au dos moiré rosâtre de fuchsine miroitante ; — les Femmes au balcon sur des rues désertes ou passantes ; — le Forgeron (aujourd'hui chez le Barc) heaumé de cuir sphérique en capsule à qui aux yeux le courroux du feu souffle sa bave violette.

ALFRED JARRY.

LES LIVRES

Histoires magiques, par REMY DE GOURMONT (au *Mercure de France*). — Un journaliste peut être un littérateur. C'est là, sans doute, ce que M. de Gourmont, par *Histoires magiques*, voulut prouver. Donc, que s'évanouisse la crainte, trop souvent légitime, d'une prostitution littéraire. La nécessité d'existence conduit parfois les nôtres aux luttes du cirque ; ils gardent toujours le mépris de la multitude. D'aucuns protesteraient que tels écrits sont peu chastes ; qu'ils relisent, ils comprendront mieux. Le lecteur compte pour beaucoup dans la pornographie d'une œuvre. Et puis, est-il nécessaire qu'un livre soit chaste, alors qu'il n'est pas grivois ? Seule, la cochonnerie française est à redouter : M. de Gourmont n'est pas patriote.

Cela dit, qu'il fallait dire pour tranquilliser certains, admirons sans réserve ces menus joyaux qu'éclaire mieux encore le terrifiant dessin de Henry de Groux : l'hypocrite et fantômale femelle, près du regard satanique de l'homme nu.

LOUIS LORMEL.

La Littérature dramatique et le Théâtre Libre, par ALEXANDRE ANDRÉ (Marseille, imprimerie Doucet). — Retardataire apologie du théâtre réaliste : Monsieur Antoine fait dans l'Idéalisme.

LOUIS LORMEL.

Plusieurs Choses, par PAUL FORT (Librairie de l'Art Indépendant). — *Plusieurs Choses*, par Paul Fort, ourdies, comme l'une d'elles s'avoue, du noir, blanc, rouge et bleu des tapisseries, mais où gelèrent en cristaux polymorphes une goutte de sang mordoré, un pleur glauque du Lac oculaire, et de l'écaille du ciel gris un morceau translucide de cristal cassé qui coupe blanchement. Des fougères comme les échelles d'un rêve sous une porte y emmurent leurs arbres de Noël, fleuris des regards très bons, ronds sur les feuilles, du « Jardin aux noyaux de diamants ». *Première amie aux beaux yeux simples*, un mot du livre, le nom peut-être du cœur du livre. Y passent des chevauchées de contes de fées sur le sommeil d'un monstre très beau, très meurtrier, sous les arbres comme une méduse enracinée, candeur de la tristesse, silencieuse vers l'ombre de veilleuse qui sanglote des branches, grand Christ Absalon les bras rigides horizontaux. Lisons ce livre avec un plaisir doux, en attendant de parler de la pluie d'étoiles miroitantes de *Monnaie de Fer*.

ALFRED JARRY.

Le Verbe Auroral, par JOSÉ HENNEBICQ, (L. et A. Godenne, Malines). — Sentiments et vers avisés, non originaux. Souvenir des versets lus et quelque déchet vaguement : (Kahn, Verhaeren). Enfin, est-ce bien que le poëte chancelle entre esprit et chair? toute la clarté lâche du livre n'ose seulement le dire, et il faut complaisance pour y étirer cette demi-pensée, centre ici, admettons. (Puis l'obligatoire majuscule : Géhenne, Ame, Frère... ; l'inévitable lys que le péremptoire usage qu'on en fait rend de glanduleux gluten — et qu'on ne peut décemment siffler.) En un mot, du Volney plus fin, parce que, avec de plus, le souci d'un occulte relativement naïf et le désir (car ici *l'on trouva l'endroit sensible*) d'une Cabale si exotérique! Sans insister sur l'inconsistance du sens, accentuons que le seul charme qu'on y puisse accuser, c'est qu'exhalent ses vers parfois un blanc souffle d'atmosphère et qu'on s'y pense bercé entre onde et bruine (vers le chenal... naturellement, sans doute). Cette plaquette, bien éditée, indispose comme une neuve et plâtreuse moderne église ou une Kaaba devenue petite laiterie, malgré la fraîcheur ci-dessus, Mais, « que diable » et « de grâce ! » M. Hennebicq puisse-t-il ne plus sortir de vers comme ceux-ci (Ventrée posée):

(à la nuit) *Inonde mon cerveau de ton immensité,*
Sublimise mon cœur de ta sublimité.

Car, sérieusement, de cet esprit certes idéaliste, qui paraît curieux comme il sied et attendri du *mystérieux beau*, imprécis encore, nous espérons mieux, affectueusement, et de suite! Afin que vitement il arrive à « savoir au moins ce qu'il veut » en un beau livre.

Léon-Paul Fargue.

Prélude, par Paul-Armand Hirsch (Librairie de l'Art Indépendant). — D'après ce que l'auteur remarque aussi, ce petit livre n'est qu'une carte de visite glacée, bleu billet de naissance, de faire-part. L'acte de présence *par l'enfant lui-même envoyé* au cercle d'amis plus public, voilà tout. Hors cela, des lectures et ce qu'il en faut, tout juvénilement offert, mains ouvertes et regard simple. — Par exemple ces jolis vers, auguraux sobrement :

Mes rêves prodigués s'esseulaient des barbares :
Toujours prestigieux, aux prières exacts,
D'eux naquirent de purs espoirs et de fins tacts
Inouïs, éclairant mon cœur comme des phares...

Léon-Paul Fargue.

Reçu :

Les Reposoirs de la Procession (tome premier), par Saint-Pol-Roux (au *Mercure de France*) ; *Premières lueurs sur la Colline*, par Paul Fort (Librairie de l'Art Indépendant) ; *Le Cycle*, par Albert Trachsel (A. Charles) ; *La Nonne*, par Paul Germain (Mons : imprimerie Princelle) ; *Légendes naïves*, par Charles-Henry Hirsch (Girard) ; *L'Employée*, par Charles de Rouvre (Bibliothèque des Modernes).

NOTES ET ÉCHOS

A fin d'œuvres plus longues et plus significatives que dans les habituels « recueils » aux sommaires surchargés, il a été décidé, lors de notre mutation en revue, que *L'Art Littéraire*, mensuel en principe, jusqu'à nouvel avis paraîtrait en numéros-doubles. Donc, que notre ponctualité ne soit mise en doute.

Le Mouvement Littéraire, de Bruxelles, devient : *Le Mouvement Intellectuel*. — *La Révolte*, de Paris, et *Harmonie*, de Marseille, suspendent leur publication.

M. Alfred Jarry prépare : *Les Minutes de Sable mémorial*.

Prochainement sera représenté, par les soins de M. Larochelle, *Elën*, de Villiers de l'Isle-Adam.

Nouveaux confrères : L'*Album des Légendes*, mensuel illustré. Directeurs : A. et J. des Gachons, 40, rue de Buci. Chaque numéro contient une aquarelle hors texte. — *Pages d'Art*, revue éclectique et d'occitanie (mensuelle), 6, rue Deville, à Toulouse. — *Le Nouvel Echo*, mensuel (nouvelle série), 231, rue Championnet.

Le Gérant : COURTOIS

Paris. — Imp. A. Reiff, 3, rue du Four.

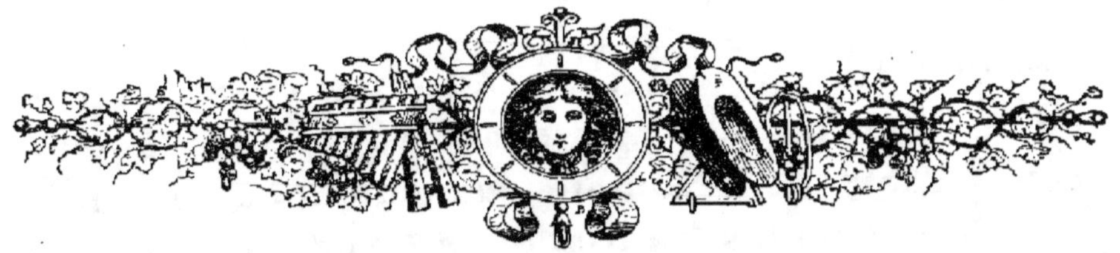

L'ART LITTÉRAIRE

REVUE MENSUELLE D'ART ET DE CRITIQUE

DONNÉES ÉVOLUTIVES

FOI A LA SCIENCE

« Les sciences d'observation exigent tout d'abord, de quiconque les veut cultiver, un acte de foi ». Ainsi débute la Biologie du Dr Letourneau, le savant professeur de l'Ecole d'Anthropologie qui, avec le démolisseur de Lombroso et du ridicule Nordau, Manouvrier, — victorieusement dénie à la Métaphysique le droit aux fuites de lâchetés, vers les rêves de mensonge et d'ignorance qu'elle sacre le Mystère...

Demander ainsi « l'acte de foi », ressouvenir de l'ironique procédé religieux, peut paraître paradoxal, et illogique : or, non. Car seule, la Science en doit user, qui, forte de son passé expérimental

portant la lumière à des pans de la ténèbre universelle et pouvant dès maintenant apparenter la pensée et l'acte de l'Homme aux chimiques affinités
omni-foisonnantes, en tout droit de conquête et non
a priori et non sur des contes d'enfants, demande
crédit de temps et de travail pour pénétrer plus
avant en l'arcane physico-chimique.

Si vous suivez ma morale, dit en somme toute religion, (c'est-à-dire, si vous méprisez cette terre
qui est l'entrave cruelle et méprisable de votre âme,
divine essence, si vous vous renoncez vous-même),
des Joies intégrales seront votre lot, par delà la
mort, la délivrance. — Si vous suivez ma morale, dit
dès maintenant la Science (en sa synthèse partielle,
où mon effort de poète s'essaie d'Œuvre, où d'autres
s'efforceront, à mon espoir), vous serez des Hommes
n'outrageant la Matière-matrice, votre génitrice et
votre substance évolue et sans cesse évoluante. Et
vous saurez que vous devez gratitude à toute l'anté-
rieure évolution en ses phénomènes, ce sera votre
Devoir! et votre Devoir, nourrir vos muscles, et
augmenter et différencier vos cellules nerveuses
en travaillant à acquérir la connaissance de la Matière et par conséquent de vous-mêmes : car votre
effort ne sera pas perdu non plus. Non, vous n'en
recueillerez le fruit, égoïstement (toute religion n'est
en fin qu'égoïste spéculation) en de niais et immo-
biles Paradis, mais vous retournerez — de trop de
condensation pour évoluer encore individuelle-
ment — en transmuants ferments de la terre, léguant
à votre géniture, à l'avenir incommensurable, la

somme de vos acquisitions physiques et intellectuelles qui en les Descendants s'amélioreront...

A ceci, qui est la base même en rude bloc, de mon
Œuvre, les Métaphysiciens littéraires de toutes
nuances ont négligé, parmi leurs petits sarcasmes,
d'opposer des raisons. Comme ils ne sauraient en
opposer, eux et leurs maîtres les philosophes idéalistes, à la Science même en ce que de redoutable-
ment simple elle démontre : en même temps qu'il leur
est interdit ainsi qu'à ce qui n'est que leur poésie,
les Religions, interdit de par leur impuissance, leur
ignorance invocatrice du vocable lâche : Mystère !
de triompher quand nous demandons d'avoir foi à
la Science qui, elle, ne nous a pas leurrés !...

Or, quiconque ne se fait triste gloire de dédaigner
(parce que, dit-on, elles n'apportent le dernier mot,
ô insensés qu'hypnotisent les mots Ame et Dieu !)
l'ensemble longuement acquis des scientifiques for-
mules, doit du même coup le crédit à la Science.
Sous peine, et de nous dénoncer qu'il ne la comprend pas, et d'évaguer aux pires songes des Petites religions, aux temples desquelles en son livre
si documenté nous a introduits M. Jules Bois : oc-
cultisme, spiritisme, etc...

C'est que, tout éclat de lumière des Sciences ré-
vélant les sombreurs de premier plan, des diffuses
lueurs en l'infini de l'Ignoré ouvre à nos regards
impatients des lointains d'illusions sur lesquels il
ne sied de tabler encore — et que d'aucuns, indis-
ciplinés ou malades de l'humain désir de l'Ex-
plication, peuplent des idéales notions du passé

d'erreurs et de curiosités, inconsciemment pro-
jeté !

Nous assistons, en ce moment qui peut-être sera
de quelque durée, à une épidémie de cette naïve
méprise, si naïve qu'il siérait peut-être d'être indul-
gent malgré son insolence.

Cette méprise après tout, n'est que celle de Descartes — et le péchant raisonnement du Discours de
la Méthode retentit encore en charmes aux oreilles
de cette fin de siècle qui se vante de ne plus croire
à rien, et, hélas ! tend à tous les échos de tous les
rituels de son atavisme, pour s'en faire une rapide
et monstrueuse certitude, son inquiétude infinie devant les notions d'Avenir qu'elle n'a pas l'énergie de
s'assimiler.

— « Je pense, or la matière ne peut pas penser,
dit Descartes, donc il y a autre chose en moi que
la matière, c'est l'âme. — Je trouve en moi l'idée du
fini et de l'imparfait, et par conséquent, celle de
l'infini et du parfait. Or, cette dernière idée n'est
autre que la notion de Dieu. » — Nos modernes
Idéalistes ne raisonnent pas autrement — c'est en
ce dilemme qu'ils nous enclosent, d'une lèvre cou-
pante de mépris, et développant sur telles données
de certitude leurs ergotations sur l'Idée pure et
l'Absolu, regardent de haut la Matière et ses hommes, de leurs prunelles d'illuminés.

Mais quoi ? Descartes ne prit-il pas pour base de
ses spéculations — l'observation ! « Oui, dirons-
nous, avec l'auteur très personnel de la Physico-

Chimie, le Dr Fauvelle, l'observation intérieure, c'est-à-dire la pensée observée par la pensée, conception absurde, puisqu'il n'est possible de juger de la valeur d'une pensée, d'une idée, qu'en contrôlant les sensations extérieures qui en sont l'origine ». — Nulle idée qui ne soit auparavant sensation.

Et Descartes n'avait que traduit Platon, enseignant que l'idée est l'archétype des individus en dehors du temps et de l'espace. Mais quand nous disons que ses inconscients disciples, nos modernes novateurs! regardent de haut la Matière méprisable, pas même : ils sont aussi les adeptes de Pyrrhon et de Berkeley, énonçant que les esprits et leurs idées seuls existent ?...

Or, à ces esprits ainsi préparés aux solides raisonnements! et à se sentir vibrer à l'unisson de la Matière éternellement féconde — la Science elle-même, en effet, a apporté un aliment de rêves nouveaux, qu'il appartient à ses sainement Fervents de détruire, avec les rêveurs ataviques.

Ses investigations en le Magnétisme si diversement révélé, surtout, et les surprenantes merveilles phénoménalisées — mais, hélas! pour combien d'années et de Chercheurs incomplètes! — ont vraiment fait passer sur les faibles têtes un vent de folie, qui les courbe en adoration de divinités nouvelles. Au lieu de comprendre que, sans en connaître l'essence encore (tel le phénomène électrique) l'on en est venu à saisir l'une de ses propriétés, la plus puissante et la plus active de toute la Matière, par quoi sans doute sont régies mystérieusement les transmuées et transmuantes affinités (et nous leur apparentons, Sympathie, Télépathie, etc.), la plus puissante donc aux organismes et où elle peut, sous diverses causes, s'accumuler peut-être, changer leur mode d'être, et d'eux irradier : les purs intellects ont mieux aimé voir en ces phénomènes, des manifestations des fameux Esprits co-existants à la triste et lourde Matière ou planant au-dessus d'elle : esprits d'ailleurs sur la nature desquels ils ne sont tous d'accord — et qui les navrent un peu (nous aussi) par la médiocrité intellectuelle qu'ils avèrent à travers les médiums ou par le pied des tables.

Mais, n'importe, l'on est capté, et les tables rondes sont les nouveaux autels !...

Le vent qui passe, cessera — et les têtes qu'il a courbées ne se relèveront pas.

Parce que la Science seule est la glorification de l'Homme, qui explique l'Homme et donc, lui donnera sa vraie Morale : il faut croire en elle seulement — et, considérant l'amas des siècles qu'il fallut à la Matière pour notre devenir, accorder à ses investigations les années et les siècles de patience.

Et il faut croire en elle, en tant que poètes : car, au chant que le Poète scientifique écrira du giroi de l'atome en la trame de tout, des amours et des luttes dont, sous la lumière décomposée en son

spectre, foisonne l'universelle affinité — il sera plus
de vraie inspiration, si faible soit-il pour telle
énorme tâche ! et plus de gloire vraie et d'œuvre
d'intellect, qu'en tous les hymnes, où tant il s'a-
baisse, exaltant l'Ame et Dieu, et le Mystère !

RENÉ GHIL.

CHANSON DE PAYSANNE

File, o mon rouet — la fleur de la fenêtre
hier a fané — file o mon rouet.
La lune a grondé son homme porte-torche
que l'amertume de ce tort avait distrait.
   File o mon rouet.

Les soldats qui passèrent sous la fureur des torches
ont parfois devasté — file o mon rouet
nous verrons encore les jours durs et la neige —
après les folies du romarin, les perce-neige
   File, o mon rouet.

Ne sais-tu plus pleurer — File o mon rouet
Il en est qui souffrent à la destinée
et d'autres s'embrasent de douleur ignée
File o mon rouet — ne sais plus pleurer
   la mort est tout près.

La mort est tout près, à toute heure, en la chambre
File o mon rouet — ne sais-tu pas pleurer —
pleurer et rire c'est sur la fenêtre se faner.
  File o mon rouet, berce la destinée.
  File o mon rouet. Demain c'est décembre
   File o mon rouet.

ALLEGORIE

l'oasis, o Tibère, où calme, la panthère
s'endort en un rais d'or au coin de tes jardins
recèle de plus terribles hôtes que ces félins
mollis du doigt de ta puissance délétère

Les lourds esclaves de bronze endormis à ta porte
qu'on enjambe le soir quand l'ivresse a maté
leur rogue robustesse et leur fidélité —
leur colére du dur exil tu l'as matée
comme soldé l'instinct de rapt de leurs cohortes.

Et les propos discrets et peureux dans les tavernes
au coin des carrefours silents, au bois sacré
et les vœux des nouveaux saints dans les cavernes,
ta puissance de dogue élu les sait dompter

mais le souple affranchi, rhéteur et médecin
dont les sandales glissent à toute heure en ta fète,
que tu chéris, car il combat ton embonpoint,
C'est lui, Tibère, aux mains de qui les assassins
demanderont ton trône et ton or et ta tête.

GUSTAVE KAHN.

LETTRE A UN MARABOUT

A HADJY-ACHMED-BEN-SALEM-BEN-MOHAMED
Marabout de Djidjelly.

Loué soit le Seigneur clément et miséricordieux.

Vénérable Père,

Lorsque tu daignais t'entretenir avec moi, c'était dans la petite masure arrangée, sous le nom de village kabile, pour stimuler la curiosité de l'Europe. Accroupi sur la terre battue, derrière la porte que tu n'avais pas le droit de fermer, tu coulais en paix de l'étain fondu dans un moule docile et simple et il en sortait des manières de cuillères à moutarde qui me réjouissaient, blanches et modestes comme ton âme de marabout.

Continuellement, tu secouais le moule et continuellement tombaient sur le tapis les petites cuillères toutes pareilles, que des processions de gens achetaient pour quelques sous, — et toi, quand la journée allait s'achever, dédaigneux du gain, tu laissais la besogne et tu priais ; tu montais tout en haut du minaret et tu priais : tu annonçais au monde qui ne t'écoutait pas la gloire impérissable d'Allah et tu saluais la résurrection future du soleil mourant. Ensuite, nous allions avec tes frères manger l'agneau sans sel et boire l'eau des citernes.

Toutes les journées étaient pareilles et belles, car Dieu demeurait en toi et tout le reste te' semblait indifférent.

L'automne vint, presque l'hiver, et tu partis. Depuis ces temps, je n'ai eu qu'une fois de tes nouvelles, et j'ai appris que ta vie, à Djidjelly, ne diffère pas de la vie représentative que tu menais parmi nous, — et la demi-douzaine de petites cuillères en étain que tu m'as fait parvenir avec ton salut, m'a montré que ton moule était toujours le même, docile et simple, comme ton âme de marabout.

O Marabout, tout cela, ces souvenirs, ces nouvelles, tout cela a été d'un grand enseignement pour moi, et je tâche, à ton exemple, de vivre hors du monde, tout en vivant dans le monde.

Des saints que tu ne connais pas ont pratiqué cette vertu, parmi d'autres vertus plus douloureuses et aussi difficiles, mais toi tu la pratiquas devant moi et c'est ce qui m'a touché.

Cela et tes paroles (vieilles et belles comme la Sagesse et comme la Bonté) :

« Ne t'occupe d'autrui que s'il est pauvre, pour le secourir ; que s'il est ignorant, pour l'instruire ».

Tes paroles sont inspiratives ; je n'attends que la grâce pour les mettre en pratique. Ta vie, telle que je l'ai vue, n'est pas moins impérative et il faut la grâce encore pour y atteindre en conformité parfaite, — mais, déjà, je fais de mon mieux : je ne m'occupe plus d'autrui et je ne connais que mes amis qui sont tous pauvres et ignorants ainsi que moi-même, — pauvres en esprit puisque la Beauté est la seule richesse après quoi ils 's'exténuent; ignorants, puisque le secret de l'esprit, qu'ils con·voitent, leur échappe et leur échappera toujours.

Pareil à toi, marabout, nous ne voulons rien que fondre nos petites cuillères d'étain dans un moule docile et simple, — moins docile, hélas! que ton cœur, — moins simple, hélas, que ton âme, ô ma-rabout!

Nous ne voulons rien que cela, et puis, quand le soir tombe, dédaigneux du gain, monter au sommet du minaret et annoncer au monde, qui ne nous écoute pas, la gloire impérissable de Dieu, et saluer la résurrection future du soleil mourant.

Voilà, vénérable Père, ce que j'avais à te mander. Mets-le dans ta mémoire, si tu daignes le trouver juste.

Tu reconnaîtras le sceau de ton ami,

REMY DE GOURMONT.

VISIONS ACTUELLES ET FUTURES

> C'est ici la loi de la tache de la lèpre
> du vêtement de laine ou de lin, ou de
> la chaîne ou de la trame, ou de quelque
> chose que ce soit qui soit faite de peau,
> pour la juger nette ou souillée.
>
> Lévitique.

« Vous traquez les anarchistes en bloc, je frappe la bourgeoisie en bloc », disait Emile Henry. Apparente logique éblouisseuse de potaches, absurdité guerroyant contre l'absurdité, aveugles de Nadir-Khouli aux bourses de dinars contus de la cécité de leurs gourdins. Aveugles pour aveugles, j'aime mieux ceux qui s'entr'aident — pour la terminale chute glissante et profonde des chapelets catholiques dans la baignoire de Sésostris. Qu'il est plus beau d'étudier les conjonctions! et en face de son ennemi, le scalpel choisi à l'aide d'un Index dans l'arsenal porté par trois esclaves léporides, de lui couper avec sagesse le nez et les oreilles....— Mais le plural aujourd'hui, c'est le duel à l'américaine, cache-cache, fulgurant météore qui éclate et s'évanouit, triangle d'un couperet que remportent dormir ses deux bras rouges; bascule, obscurité. — Mieux que la guillotine, la potence, permanente et plus élégante, morts et potences après les corbeaux vermoulus, navigation aérienne; que la Bombe bamale et bourdonnante, la Machine à Décerveler, coram populo tous les dimanches pour le Seigneur ronflant sur un tertre, petite-fille de Moloch et des Vierges de fer. Il suffit de l'initiative d'un petit César dans son village. Trois serviteurs dociles (je les préfère en caoutchouc, car après service dégonflés on les renferme dans un tiroir) pour battre et graisser. Renouveau des arts, le gloussement circulaire d'un orgue y adapté charme les derniers instants. Phynance, justi- et purificatrice de tout, découle par un robinet. Le populaire familial tout blanc de la cervelle des barrières rentre heureux et moralisé de ce démocratique spectacle. — Mais l'âge d'or est trop en le futur.

Substitution, hélas ! de la Science à l'Art, et c'est une machine qui ferait le Geste Beau, malgré notre esthétique volonté et malgré Dom Junipérien et sa Révérence bien rétablie. — On serait du moins sûr de répéter ce geste aux temps et lieux de son gré : le bref geste humain ondoie et seul ce qui en résulte Est. Avec T. de Quincey est mort le club des dilettantes du meurtre parfait (Society for the propagation of great Ideas). A son exemple, disons qu'il faut que le meurtre soit honni, mais qu'à le voir tout perpétré il vaut mieux le voir œuvre d'art (c'est pourquoi la Guillotine est vandalisme paralogique : elle prive le corps (si l'on veut le conserver au mur) de son suspenseur naturel ; elle réduit à la dualité la triple gaîne de bambou de la triple âme platonicienne, rompt l'équilibre sans épithumial profit, force perdue. — Qui sait pourtant si cette force ne se résout pas en pensée, et si le sexe du décapité n'a pas conscience ?).

La Pendaison est une des fins de l'homme. Le cou s'étrécit pour un porte-Pipes. Mais ceux qui travaillent l'écume des vagues de la mer (en la calcinant, comme on sait, dans un moule de grés clos jusqu'à siccité) n'ont point songé aux anses des oreilles.

Le Pal (*melius est principium orationis.....*) est abandonné jalonnant les temps de mâts dégréés. Et l'on dévissera prochainement ceux qui sont apophyses du charnel et prismatique toit de la Halle aux vins et de quelque autre chose que ce soit que l'on appelle toits, comme les aiguilles étendant après leur mort les langues des caméléons sur les reins de leurs cimeterres, — car ils attirent le feu du ciel.

Ainsi les choses obéissent à l'aimant répulsif de leur destination première, tels les trains que l'on a domestiqués comme les bœufs (déjà) et les rhinocéros, alors qu'il eût été plus beau de les ruer l'un sur l'autre en liberté dans une arène, comme l'Ichthyosaure et le Mégalosaure. N'eût-on pas mieux fait d'agrandir, pour en insuffler les hamacs, les gorges des Onocrotales?

Tôt ou tard d'ailleurs leur seront substitués de « plus pratiques » engins locomoteurs. Car il est aussi absurde de vouloir tout mouvoir sur notre terre ronde par une mécanique circulaire (ce n'est pas imiter l'Orbe, mais Descartes) que de fleurir, parce qu'hommes, en chapeaux anthropomorphes...: DU BATON A PHYSIQUE : —

Phallus déraciné, *ne fais pas de pareils bonds !*
Tu es une roue dont la substance seule subsiste, le
diamètre du cercle sans circonférence créant un
plan par sa rotation autour de son point médian.
La substance de ton diamètre est un Point. La ligne
et son envergure sont dans nos yeux, clignant devant les rayures d'or et vertes d'un bec de gaz pal-
loïde.

Le cycle est un pléonasme : une roue et la super-
fétation du parallélisme prolongé des manivelles.
Le cercle, fini, se désuète. La ligne droite infinie
dans les deux sens lui succède. *Ne fais pas de pareils bonds*, demi-cubiste sur l'un et l'autre pôle de
ton axe ou de ton soi ! Le cavalier t'étreint (suspendu, s'il le désire, à la Cardan entre tes côtes —
laissons le disque quelques siècles encore aux accessoires et à l'homme) et tu poursuis la succession
de tes équilibres momentanés, dans le sens du mouvement (si le spectateur est à ta droite, et encore ta
droite est ta gauche dans la deuxième moitié de ta
course) des aiguilles d'une montre.

Tu concilies le discontinu de la marche et le continu de la rotation astrale ; à chaque quart de chacune de tes révolutions (qu'on la mesure d'où l'on
voudra) tu fais une croix avec toi-même. Tu es saint,
tu es l'emblème bourgeon de la génération (si cela
était pourtant, tu serais maudit, Bourgeois), mais
de la génération spontanée, vibrion et volvoce,
dont les images gyroscoposuccessives révèlent à
nos yeux, hélas trop purs, ta scissiparité, et qui
projettes loin des sexes terrestre le riz cérébral de

ton sperme nacré jusqu'à la traîne où les haies d'in-
dépendantes pincettes des chinois Gastronomes
illustrent la Vierge lactée.

Ainsi chantâmes-nous ce jour-là, où nous ne par-
lâmes point de nos malthusiennes Machines, ni de
l'Autoclave, ni de la Digitale, NI DU PINCE-
PORC.

— (La Machine est née des cendres de l'esclave
et elle différenciera ses serfs organes instinctifs
pour la serve intelligence, sillage de l'intelligence
despotique, d'un nègre derrière l'Antechrist, comme
l'Apocalypse ne l'a point dit.)

Sur un principe tout différent, la locomotion de
ces serviteurs caoutchoutés, génériquement PA-
LOTINS, les seuls

Parfaits pour qui veut que sa Volonté s'érige loi
souveraine. Ils sont

Mécaniques, et pourtant ne se remontent que par
le repos, comme

Des êtres animés, dans d'ophidiennes caisses en
fer-blanc, dominicalement

Ouvertes. Et ils ont

Une volonté propre, parallèle plus loin pro-
longée

De la Volonté de leur maître. Ils ont

Au moins quatre oneilles, sur lesquelles le pôle

Exerce diverses influences

De déclinaison, et autant d'inclinaison. Ils n'ont

Que de petits ailerons, et de grands

Pieds plats sonores. Dans la foule on les recon-
naît à la prononciation : le vocable

Souvent proféré : *Hon, monsieuye !* et la tran‑
sition

Par conséiquent de quoye. Bien avant Ravachol il
en existait d'Explosifs de par leur seul vouloir.
Ceci explique que l'Etat, pour les prisons ou le mu‑
séum, n'a jamais pu en avoir un vivant.

La célérité de leur course est égale ou supérieure
à celle des Momies courant après leur double. Aux
abois, ils savent mourir en ce schématique dia‑
logue :

LA COERCITION EXTÉRIEURE. — Nous vous arrêtons.
LE PALOTIN. — Hon, monsieuye !
(Explosion aux jumeaux effets)

. . . .
. . . .

Refermez ce Livre à couverture automnale, nous
en resterons là pour aujourd'hui. — La Pataphy‑
sique est la science de ces êtres et engins actuels
ou futurs avec le Pouvoir de leur Usage (*disci‑
pulus*)... — Définition de la science Divulguée, avant
de ramper sous les arcanes inverbaux... — *Disc.* —
L'Esprit veuille que ce Divulgué soit compris du
plus ignare, fût‑ce du Chevalier qui se plaint qu'on
matelasse miséricordieusement de peur que n'y dé‑
ferle et ne s'y brise l'émeri irrégulier de ses violettes
dents gloutonnes Votre vivante statue de luisant
ébène et d'émeraude adamantine, et les pustules
coralliaires du triangulaire dieu des Jardins.

ALFRED JARRY.

TABLETTES D'AUBE

NEIGES

La candide légende de l'Eternel, emperor des emperors à la barbe florie, subit un assaut multiple ces époques-ci.

Utilisant l'échelle d'Ezéchiel, les figaros de science montent tailler un peu chacun à sa guise la barbe divine : besogne ici-bas divulguée par ces flocons.

Altier patriarche des bibles coloriées, trop archaïque et trop essentiel pour l'empirisme contemporain, le progrès t'exige en habit de présidence et, dans sa rage de ne pouvoir t'absolument nier, au moins te désire-t-il d'autre façon que les primitifs et cherche-t-il à te transformer jusqu'au singulier rajeunissement qui de toi fera quelque homme sublimisé avec sur l'œil le monocle solaire.

C'est pourquoi s'évertuent nos figaros à réaliser le goût du jour.

A cette métamorphose le Dieu nouveau va nécessairement gagner des poils blonds, roux, noirs ou bleus, qui ne s'aïeuleront qu'en le loin des hivers futurs.

Et, comme grandira la fièvre de modernisation suprême, les figaros de la postérité, refusant d'attendre la période blanche, escaladeront promener leurs ciseaux sur la jeune barbe de la veille...

O les neiges blondes, rousses, noires ou bleues de bientôt !

LYS

Ames d'enfants morts avant l'abreuvoir du baptême.

L'aile poussive, elles ne purent, les frêles, gagner le paradis et les voici, non loin du sol, figées.

Tasses de pluie...

Le désir de les emporter tout entières là-haut attire les abeilles de la ruche bleue, mais la force de trancher la tige d'inespoir manque aux malingres d'or.

Tantôt des mères aux mains tragiquement inconscientes lègueront à la ville prochaine ces jets d'exil.

Hélas !

Mais je ne révèlerai point l'enfer provoqué par votre ignorance, ô femmes qui blasphèmeriez le voyant et lui viendriez crever les yeux à la première auberge de sommeil !

Saint-Pol-Roux.

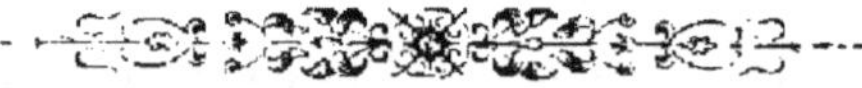

THÉATRES

THÉATRE DE L'ŒUVRE. — *Solness le constructeur*, drame d'Henrik Ibsen, précédé d'une conférence de M. Camille Mauclair.

Conférence très nette et brève et d'autant meilleure qu'elle fut plus simple, nul charlatan ne détélescopant les assises des symboles de la construction ibsénienne. — Lugné-Poe incarne l'âme de faiblesse et de force tressées de Maître Solness, dont le noir et blanc effrité se damiette à la lueur céphalique de Charny (Le vieux Brovik) prédiseuse de cauchemars, comme aux heurts féminins de la jeunesse, heurts de naissance ou mortuaires, arracheurs de draps emplumés de W. Sharp; — en tous sens rénovatrice, festin d'avaleur de sabres. Hilde Wangel est le grillon qui s'est engainé dans la fente de la cheminée. On sait bien qu'ils écartent le feu comme les mantes précisent les carrefours, mais que l'insecte roux voyageur en robe de tennis porta dans quelque autre coin l'amadou luisant de sa première gangue. Il fallait bien faire vides les chambres d'enfants pour la petite future princesse des promesses et ses réelles néphélococcygies.

A côté de Hilde, le personnage épisodiquement nécessaire de Raïa Folsi, âme admirante de maître Solness, mais de Solness quel qu'il soit, sans le piédestal d'une haute tour, — en la grâce de Mlle Bady. Solness ne s'élève point pour dominer la terre, mais pour l'abstraction de monter (je le verrais grimpant selon la spirale du progrès), Petit-Poucet sans frères au pied de l'arbre.

Hilde comprend quand il s'identifie à la région supérieure, et nous transpose le chant céleste émané de son corps vibrant au vent des astres. L'abat-jour vert de Raïa occulte la vision en haut... — Mais il est absurde d'analyser Solness ou d'expliquer ce que chacun sait d'après maintes études connues : l'identité d'Ibsen et de son constructeur d'églises, ses demeures refusées des hommes que se soumettra peut-être Strindberg...

Drame très intelligemment mis à la scène par Lugné-Poe. Il avait recommandé, servant Ibsen, qu'au dernier acte on ne jetât pas le mannequin : La foule figurante a bien assez de quelques moellons concassés sur la tête et du bris des planches hérissées de clous dans les mollets. Mais le cadavre de Solness est la passerelle de la jeunesse qui se rue, et dans le rapide acte imperçu de la foule est un symbole très beau.

On nous annonce une féerie avec des vers beaux comme du De Régnier. A quand alors la véritable *Gardienne* ?

ALFRED JARRY.

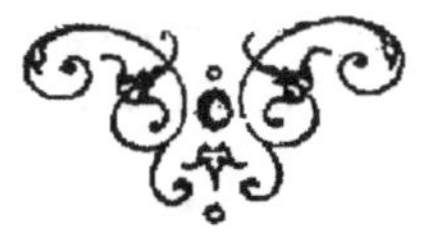

L'ART A BRUXELLES

LE SALON

Le premier salon annuel de la *Société des Beaux-Arts*, fondée récemment à Bruxelles, vient d'ouvrir ses portes. La critique avait beaucoup blâmé le *triennal*, l'an dernier ; cette fois elle ne peut qu'être unanime à louer le salon d'Ursel.

La place m'étant mesurée, je ne puis, à regret, que signaler brièvement quelques tableaux.

Fernand KHNOPPF. — *Portrait.* Un jeune garçon, en costume marin ; œuvre très remarquable ; le meilleur, selon moi, des envois de notre éminent artiste. De lui encore : *Britomart, Une bruyère en Ardennes, Fossel* et deux dessins. En sculpture, une *Sybille* en cire, début très heureux.

J.-C. CAZIN. — L'*Eté.* Des baigneuses qu'attend sur l'herbe un frugal déjeuner et « dont, nous disait Khnoppf, les carnations d'ivoire s'expliquent par l'aspect billes de billard des fruits de leur dessert. ». Mais à l'*Eté* je préfère encore : *Nuit grise,* une toile qui dénote un talent vigoureux.

Sir John MILLAIS. — L'*Ornithologiste.* Couhcé sur un canapé, l'ornithologiste montre à ses petits enfants qui se pressent autour de lui, très attentifs, de multicolores oiseaux empaillés : l'artiste a trouvé dans ce sujet prétexte à une véritable débauche de couleurs ; et cette toile de décadence est prisée de tous les connaisseurs. Du même : *Halcyon Weather*, un paysage très poétique.

Frank BRANGWIJN. — Une *Eve* tentée, pleine de caractère, dénotant un grand artiste. *Nuit*, d'un effet puissant.

Sir Frédéric LEIGHTON. — *Glytie*. Œuvre très personnelle, traitée par un artiste de grande originalité.

Tels sont les envois les plus importants. On peut y adjoindre les œuvres assurément très remarquables de CLAYS (deux paysages), de GILSOUL (*le Domaine*), de COURTENS (deux excellentes marines), de l'anglais M. STEVENSON et encore de notre grand portraitiste Emile WAUTERS.

J'aurais voulu vous entretenir plus longuement de ces œuvres ; malgré moi, je dois y renoncer. Mais j'engage fortement ceux de mes lecteurs qui pourraient se rendre à Bruxelles avant le 17 juin, de visiter le « Salon » installé au Musée Moderne.

Ils y éprouveront de saines émotions artistiques.

André Rémont.

MINUTES D'ART

Tant d'Expositions que nous en dénombrerons seulement les plus inévitables beautés selon la brièveté d'un catalogue ou palmarès.

CHAMP-DE-MARS. — Des absences : Burne Jones, De Groux, Munthe. Mais il y a des *Whistler*, du violet et argent de sa Mer profonde au brun et or du Portrait de lady E... — La vieille Dame Hongroise, parchemin de bois vivant de *Rippl-Ronaï*; — des *Aman-Jean :* sa Béatrice surtout et le portrait de M. Jules Case; — l'Élu de *Hodler*, avec les tiges des robes, chaume fendu déroulé soutenant le vol plané des vierges suisses, et l'Enfant nu devant un petit Christ de branches, qu'on catalogua selon le chiffre renversé d'un Armand Point, dans la même salle que l'immense décoration de *Puvis de Chavannes*; — *Locwood*, le Bossu qui fume; — les Meules nocturnes de *Verstraete*; — le Camaïeu d'*Hawkins*; — le Nain d'Eibar de *Zuloaga*; — les Sommets suisses d'*Albert Gos* ; — *Karbowski*, le Repos ; — des *Guthrie*.

A la sculpture : *Charpentier, Niederhausern, Vallgren.* — Gravure : Raffaëlli, Whistler. — Objets d'art : plats cristallisés de *Bigot;* — étains de *Charpentier* ; — grès et coffres de *Carabin* ; — étains de *Desbois* ; — *L. Fargue*, vitrail d'après un dessin de Bastard; — *Martin et Prouvé*, le buvard cuir mosaïqué, la Pensée dans l'espace; — reliure des Aveugles de Maeterlinck.

James Finot expose les accessoires de la Passion et un Homme supplicié, marche dernière de Mathô. Peut-être la foule comprend-elle mieux ces corps que l'Idée. Ce n'est pourtant pas la terre ni ses pieds que voyait le Christ du haut des clous de la Croix.

Champs-Elysées. — Les Chevriers de *Brangwin*, chairs de brique et casaques de laque sur le ciel maçonné, avec les dés frits dans le soleil. — Et après, les Mages de *Brangwin*, preuve de sa science de dessin classique, sang figé d'un cachemire rapetassé. — Qu'on ne les compare cependant point aux Chevriers torsadés d'or vert. — Sculpture : la Fontaine en pâte de verre de *Cros*, avec le sucre des poissons des premiers chrétiens.

Indépendants. — Somptueuse Tapisserie ou Tapis d'*Anquetin* ; — Femme couchée de *Valtat* sur son pavillon en fleurs saignantes, et le Pont-Royal, et tous les Valtat. — Un *Lautrec* ; — des *Angrand* ; — les Laveuses d'*Amiet* sous les arbres charnels, et sa Fileuse soupesant sous la mort du soleil rouge le cœur de son chanvre percé ; — de curieux *H. Rousseau* : la Guerre sur l'horizontalité hérissée de son cheval effrayé, par-dessus les cadavres translucides d'axolotls ; le portrait de l'Homme aux yeux chinois avec son petit toupet ; — un *Cross* ; — l'Annonciation, les Pélerins, la Princesse, Bethsabée, de *Maurice Denis* ; — cinq *Gausson* ; — *Jossot*, les Sciapodes ; — des *Guilloux* ; — les pastels d'*Hermann Paul* ; — les études tricotées de *Perrier* ; — arbres tordus et maisons silhouettés de *G. Prunier*. — Aux Indépendants émigrèrent des toiles des Néo-impressionnistes, dont le très beau portrait d'Erik Satie, par *A. de la Rochefoucauld*.

Rose†Croix. — Des *Knopp* ; — l'Etude pour l'Harmonie Virginale du Champ-de-Mars, d'*Osbert* ; — *Armand Point*, Princesse nocturne ; — un *Hawkins*.

Grasset a exposé à la *Plume* ses très belles œuvres déjà connues, affiches, vitraux, illustrations livresques ; — Roussel des dessins à la *Revue Blanche* ; — l'exposition de Toulouse-Lautrec vient de s'ouvrir.

Chez Durand-Ruel : Odilon Redon, pastels scarabées, monères de velours lithographique, dessins dont il ne faut louer aucun, tous saillant également, et, faute de comparaison immédiate, éblouissant moins réunis.

Seules toiles qui pouvaient succéder à Redon dans ces galeries sans dépression ni diminution : Manet. De celui-là qui l'aime doit mieux n'en point parler, et dire : **Allez-y voir.**

A. J.

LES LIVRES

Les Reposoirs de la Procession (tome premier),
par SAINT-POL-ROUX (au *Mercure de France*). — « L'Univers est une catastrophe tranquille ; le poête démêle, cherche ce qui respire à peine sous les décombres et le ramène à la surface de la vie.» Ainsi, en cette note, l'auteur élucide l'œuvre : glose de la Nature, parmi le pélérinage de la Vie. Et chaque reposoir semble nous offrir le symbole d'une divinité nouvelle. Comme Victor-Hugo, M. Saint-Pol-Roux est un panthéiste. Cet éloge semblera faible à vos yeux — bons snobs qui préférez Baudelaire au « génial bafouilleur ». Mais dire que — païen et, malgré son bon vouloir, nullement métaphysique — l'auteur des *Reposoirs* est notre Victor-Hugo, c'est dire qu'il est, à notre sens, de cette demi-douzaine d'écrivains nouveaux qui sont les maitres du Futur et dont les moins contestés sont Henri de Régnier et... et qui ? Et puis ces poêmes en prose sont d'une langue neuve et bigarrée où tout se traduit en images : style qu'on imiterait mal. (Le portrait en tête du volume : d'un Lohengrin écossais).

LOUIS LORMEL.

La Nonne, par PAUL GERMAIN (Mons : imprimerie Princelie). — Cette monographie présente certes des qualités intéressantes, mais il est impossible de rien dire sur un auteur qui s'annonce par 25 pages d'impression.

Les plaquettes peuvent avoir un bon côté, mais elles usent les forces des auteurs, elles morcellent les jugements et les rendent embarrassés ; elles ne permettent pas de se former une opinion suffisante sur ceux qui les é crivirent. Pourquoi ne pas se réserver pour des œuvres ?

EDMOND PILON.

Légendes Naïves, par CHARLES-HENRY-HIRSCH (Girard). — Déjà connu par ses articles de critique artistique, littéraire et musicale, par des traductions aussi, M. Ch.-H. Hirsch vient de se révéler comme poëte original. Voilà qui vaut mieux que l'intelligence de tout comprendre. «Livres de visions anciennes et futures» dit l'auteur.

> Mon Ame est close, en un tombeau de jaspe vert,
> Où rêve, en des miroirs éteints, l'image pâle
> De très hautaines Dames à face d'opale
> Qui sont les Heures souvenues des temps chers.

C'est, au fil des souvenirs, l'évocation de très douces rêveries, cantilènes compagnes du rouet. *La Courtisane Azuma, la Fée Mauvereine, l'Or reconnaissant* nous paraissent, en ce genre, absolument remarquables. Les quelques défauts qui se remarquent dans tout premier livre (expressions banales que commande la rime, coupe défectueuse de certains vers) ne tarderont pas de disparaître, quand l'auteur aura plus de métier ; l'essentiel est d'être un poëte et Ch.-H. Hirsch en est un.

LOUIS LORMEL.

Le Cycle, par ALBERT TRACHSEL (à Genève). — Un jeune homme qui le vit sur ma table le prit pour un traité de vélocipédie. Mais c'est un beau livre, décors et musique, points marquant les silences où nous inscrirons nos émotions. L'écrivain est beaucoup plus fort qui comprend l'impossibilité d'écrire, que celui qui peut

tout exprimer, sentant rudimentairement. Le livre a déjà
ses disciples, et l'on reverra ses Danseuses

> (Je danse le Pas des Glaives,
> Je danse le Pas du sang !
> Au-dessus, au-dessus de ma tête sifflent
> flamboient ! sifflent, sifflent, flamboient les épées !...
> ...Voyez, voyez ! Je frappe, je frappe l'ennemi,
> je frappe, et me lance, et me lance en avant !...)

et ses lacs entre les forêts de fleurs bleues, sous les
cygnes violets, et ses fleurs serpentant parmi les arbres
précieux... Citons sa *Marche Suisse*, sa *Reine des Eme-
raudes*, qui, avec des étoiles, jonglait, jonglait, jonglait,... jonglait...

. . . .

ALFRED JARRY.

——— ———

L'Employée, de Charles de Rouvre (Bibliothèque des
Modernes). — C'est la louable entreprise de conter
l'existence d'une jeune fille qui est employée.

ALFRED JARRY.

——— ———

REÇU :

Ibis, par Paul Leclercq (à la *Revue Blanche*) ; *Jonchée*, par Edouard Michaud (Bibliothèque des Modernes);
Le Poème de Noël, par J.-R. de Brousse (aux *Pages
d'Art*) ; *Première Etape du Néophyte*, par Maurice Le
Blond (hors commerce) ; *Le Baiser de Jean*, par Antoine
Sabatier (Girard); *Nuits d'épiphanies*, par André Fontainas (au *Mercure de France*) ; *Rythmes et Rires*, par
l'Ouvreuse du Cirque d'Eté (à la *Plume*) ; *Soleil Couchant*, par Jean Viollis (Toulouse : imprimerie Duclos).

NOTES ET ÉCHOS

A la suite d'un article qu'il écrivit au *Gil Blas*, M. Léon Bloy a refusé de se battre avec un journaliste. On sait depuis longtemps ce que le courageux écrivain catholique pense du duel. Mais Léon Bloy exclu de la gazette des bordels, c'est plutôt drôle, n'est-ce pas? Nous félicitons vivement M. Léon Bloy.

On annonce la fondation d'un théâtre d'art socialiste, le Théâtre Social, qui donnera ses représentations à la Maison du Peuple, transformée pour la circonstance. M. Delphi Fabrice, 5, rue Gareau, chargé de la direction, fait appel à tous les artistes littérateurs, comédiens, musiciens, dessinateurs, etc.

Le titre de ce théâtre et le lieu où il s'installe indiquent suffisamment les tendances des œuvres qu'il compte donner.

Pour la première représentation, les organisateurs ont demandé à Maurice Barrès. qui a accepté, de faire la conférence d'ouverture.

Il est également question de la représentation d'*Une journée parlementaire*.

C'est le vendredi 1er juin, en soirée, que le théâtre de la Rive-Gauche, dirigé par M. Larochelle, donnera, au théâtre Montparnasse, son deuxième spectacle, composé du *Vendeur de Soleil*, de Rachilde, et de *Virginité fin de siècle*, quatre actes, de M. Charles Froment.

La veille, répétition générale pour la presse, également dans la soirée.

————

On annonce la fondation d'une nouvelle revue mensuelle : *La Province*, dont le directeur est M. Alfred Rémy, à Trey-Saint-Claude (Besançon).

————

Nouveaux Confrères : *Les Ibis*, revue mensuelle. Directeur : Tristan Klingsor, 28, rue des Flageots, à Beauvais. — *L'Indépendance du Midi*, revue franco-provençale mensuelle. Directeur : Marius d'Arcourt , 183, rue de Rome (Marseille). — *Le Rêve et l'Idée*, revue mensuelle. Directeur : M. urice Le Blond, 10, rue des Tennerolles, à St-Cloud. Cette dernière publication cite *L'Art littéraire* parmi les périodiques « divers », c'est-à-dire en assez mauvaise compagnie.

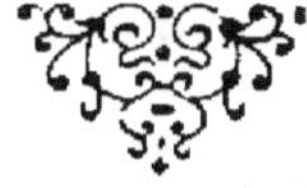

Le Gérant : COURTOIS

Paris. — Imp. A. Reiff, 3, rue du Four.

L'ART LITTÉRAIRE

REVUE MENSUELLE D'ART ET DE CRITIQUE

SONNET

—

A Ceux de l'Excelsior.

A des heures et sans que tel souffle l'émeuve
Toute la vétusté presque couleur encens
Comme furtive d'elle et visible je sens
Que se dévêt pli selon pli la pierre veuve

Flotte ou semble par soi n'apporter une preuve
Sinon d'épandre pour baume utile le temps
(Nous immémoriaux quelques uns si contents)
Sur la soudaineté de notre amitié neuve

O très chers rencontrés en le jamais banal
Bruges multipliant l'aube au défunt canal
Avec la promenade éparse de maint cygne

Quand solennellement cette cité m'apprit
Lesquels entre ses fils un autre vol désigne
A prompte irradier ainsi qu'aile l'esprit.

STÉPHANE MALLARMÉ.

LES MINUTES DE SABLE MÉMORIAL

Vendredi, 20 Avril.

CÉSAR-ANTECHRIST

ACTE UNIQUE

Le versant de la montagne. A gauche (du spectateur) SAINT-PIERRE tiaré aux ceps de ses clefs dans le pilori triangulaire de TROIS CHRISTS RENVERSÉS. Au fond, un peu à droite, une Croix d'or surmontée d'une cassette couronnée, scellée des griffes d'un Coq endormi. Quatre Oiseaux d'or aussi sur ses bras.

SCÈNE Ire

SAINT-PIERRE-HUMANITÉ, LES TROIS CHRISTS.

SAINT PIERRE (*vu de dos presque, les yeux à gauche*). — Le Juif-Errant parcourt l'Univers, le Pape siége au centre de sa toile. Je suis comme un grand arbre ou un polype sous le bleu de l'air liquide.

LE CHRIST VERT. — Sur toi, Pierre, t'a dit avant les Temps ma voix de bronze, j'ai bâti mon Église.

(Le pilori tourne d'un tiers.)

SAINT PIERRE. — J'ai renié Dieu à trois reprises, et par mon reniement, triple foi, j'ai créé cette trinité renversée dont les bras amoureux m'étouffent. Christ de l'or sculpté d'Hermès trismégiste, dont la natte chinoise rampe où germèrent pénultièmes les racines du Christ d'avant l'histoire, pourquoi n'as-tu point dans ta chute architecturale écrasé ma lâcheté de blasphème?

Le Christ d'Or. — La joue droite souillée, tendez la joue gauche.

(Le pilori tourne.)

Saint Pierre. — Trinité de Parques, vous avez filé mes jours. Vous me protégez de la cage lancéolée de vos trois pals. Vous vous hérissez contre les glaives du monde pour moi qui vous livrai aux soldats.

Le Christ Blanc. — Aimez-vous les uns les autres.

Saint Pierre. — Avant que le coq chante, vous m'avez béni. Avant que le coq chante, je vous ai reniés trois fois. Christ Vert, semblable à la poignée d'une épée ternie; Christ d'Or, momie de ma première idole ; Christ d'Argent, presque séculier, squelette qui s'effrite et au chant du coq tombera en poussière... vos étreintes sont trop passionnées, je sens que vous allez me quitter.

Christ d'argent, j'ai fleuri autour de tes os comme la Méduse qui sortirait de la mer si le tuteur des longs fémurs lui était prêté; Christ d'or, tu m'as clos le monde de ton réticule lumineux ; Christ d'or, Christ d'argent, Christ de bronze, vous m'avez identifié à votre paradis fermé; le gardien s'est adapté au mur de la porte du jardin, comme un fruit ou un fœtus au verre de sa prison. Tes disciples sont des oiseaux timides. Christ d'or, Christ d'argent, Christ de bronze, vous vous étiez fondé un trône durable, car votre peuple ne pouvait subsister sans le pasteur-qui-défend.

(Le pilori tourne trois tours silencieux.)

SCÈNE II

SAINT-PIERRE-HUMANITÉ, LES TROIS CHRISTS,
LES OISEAUX D'OR.

SAINT PIERRE *(face à la croix)*. — Calvaire et reliquaire des oiseaux d'or, étal du brocanteur des supplices, j'ai trois fois jeté de votre trône mon Maître, qui voit avec six yeux renversés le triomphe de vos ailes de casque, et abrite contre vous et vos ricochets stellaires ma face des parasols des Sciapodes. Que mugiras-tu, Oiseau, de ton front de trapèze et de tes cornes horizontales?

LE DEUXIÈME OISEAU D'OR *(dans l'espace, de gauche à droite, non dans la succession verbale)*. — Je suis le Tau, le protecteur des anciens Mages; et même après qu'ils m'ont renié, allant adorer, guidés par l'étoile au regard aimé dont ils obscurcirent de trois grains de poussière la traîne de comète leur futur ennemi; j'ai combattu pour eux : je me suis fait le maillet qui L'a cloué sur le tronc d'arbre; je me suis fait le tronc branchu où s'est déchiré Son corps; j'ai étendu mes bras pour qu'on y écrasât les Siens; et changeant ma forme immuable pour Le dominer vaincu, j'ai poussé au-dessus de Sa tête mon front où dort le Coq maintenant, le Coq à la queue en croissant.

(Le pilori tourne.)

SAINT PIERRE *(après une révolution complète)*. — Troisième Oiseau, à la face ronde, dont les yeux huhulants luisent et dansent dans l'ombre du fût vertical et qui traces le cône incliné de la projection de mes révolutions régulières : que le vent ap-

porte ta plainte au passage momentané de mon or-
bite parallèle à l'horizon.

Le troisième Oiseau. — Je suis le Ciboire ; je lève
ma griffe d'or où Son corps se lacère, attendant que
les hommes Le reclouent sur ces branches où est
mon nid, pour arracher avec le croc de mon bec, de
ses yeux d'extase la flamme maudite.

(Le pilori tourne.)

Saint Pierre, *après un tour*. — Dernier animal
perché, tu n'as point parlé ; je t'ai pris à tort pour
un oiseau, et une langue anthropinement grasse ne
se meut point, semblable à un bonnet phrygien,
dans le bivalve de tes lèvres. Tu es un scarabée qui
trembles comme un cerf à l'hallali ; tu es un scarabée qui pleures comme un cerf au couteau servi ; tes
fines antennes courbes frémissent au vent, et j'attends que des mots bruissent à travers tes élytres,
dans le sens des banderolles de la brise.

(Le pilori tourne un tour entier silencieux.)

Le Scarabée. — Je suis la Pince et les Tenailles
qui déclouèrent le Corps divin ; éclaboussé par
Son sang qui rachète (Son sang et non mes pleurs
joncha ce sol de ses pétales), je lui pardonne, à Lui
qui a fait pénitence et le fera bien plus encore.

(Le pilori tourne deux tours silencieux ; — l'aurore commence
à lustrer les poils fauves de la Croix ; — le Coq se réveille
et hérisse ses plumes.)

Le Christ d'Argent, *face à la Croix d'Or et semblable à son reflet sur un marais.* — César.

(Le pilori tourne.)

Le Christ de Bronze. — César.

(Le pilori tourne.)

Le Christ d'Or. — César !

Les Trois Christs. — César-Antechrist, ceux qui vont mourir te saluent.

Saint Pierre.—Maître, Maître, pourquoi m'abandonnes-tu ?

Le Christ d'Or. — Le jour et la nuit, la vie et la mort, l'être et la vie, ce qu'on appelle, parce qu'il est actuel, le vrai, et son contraire, alternent dans les balancements du Pendule qui est Dieu le Père.

(Le pilori tourne.)

Saint Pierre.—Maître, Maître, pourquoi m'abandonnes-tu?

Le Christ d'Argent. — Le jour et la nuit, la vie et la mort, l'action et le sommeil. Dieu a sommeil.

(Le pilori tourne.)

Saint Pierre.—Maître, Maître, pourquoi m'abandonnes-tu ?

Le Christ de Bronze. — Les hommes ne veulent plus d'un paradis fermé. Le nouveau souverain les fouaille en liberté. Les clefs seront perdues et l'on n'ouvrira plus. — César !

(Le pilori tourne.)

Le Christ d'Or. — César!

(Le pilori tourne.)

Le Christ d'Argent. — César-Antechrist, ceux qui vont...

Le Coq chante : — *Fiat lux diei!*

(Les trois Christs spectres et les clefs s'évanouissent.)

SCÈNE III

SAINT-PIERRE-HUMANITÉ, LES OISEAUX D'OR, LE SOLEIL *roulant lentement de droite à gauche sa tête dentelée, entrant avec les sons de* LA CORNE EN TERRE ROUGE DU HÉRAUT, *puis* LE HÉRAUT, LE ROI *éclairé assis sur une colline ;* LA FOULE *jusqu'à l'horizon par la verdure.*

LA CORNE DU HÉRAUT.

Pouls dans le vent, pouls dans la mer, pouls sur la nuit qui fuit !
La toux du pouls de mes artères bruit.
Les cornes des piliers forent leurs graminées
Comme les cors vrillés d'Ammon d'en haut sonnés.
Cloisonnant ton cœur de son marteau doux
Bergère d Ammon, d'en haut tonne et bruit
Sur le vent, la mer et la nuit
Le
  Pouls.

LE HÉRAUT. — La vie a conçu dans un happement convulsé celui qui la détruira. Écoute l'hallali de la vie par les cors de mort sonné dans les bois. La vie a conçu la mort, et le Christ répandu ses dons sur celui qui le rependra.

LE ROI. — Sonneur de la naissance de l'Antechrist, ainsi le fils succède à son père, et les corbeaux desservent les pantins et les potences.

LA CORNE.

Les oursins ronds ont hérissé leurs crins.
Les chevaux de mer de leur crinière de fer se creusent les reins.
Et la rafale tonne et tord les cors et les cornes.
Voici le vol griffu des hippocampes au lieu des cornes d'Ammon.
Lourd sur le vent, lourd sur la mer, lourd sur la crête
Des bruits
Tapi dans les feuilles comme grimpe un menteur loup-garou
Le
  Pouls.

La Foule. — Nous avons vu un arbre fendu qui marchait... Et ses cuisses se fermaient et s'entrecroisaient comme des ciseaux. — Milon n'y fût point resté pris, mais la terre aurait sucé ses dix doigts de museaux. — L'Antechrist est né comme Adam : à trente ans, et avec des pommes dans ses mains belles.

La Corne.

Pouls dans la vie et sur la mer hors de la nuit,
Hors du sommeil et par le bruit.
Mort pointillée en repos qui survit
Où soupçonne et bout et tonne partout
Le
Pouls.

SCÈNE IV

Nuit. — Saint-Pierre-Humanité *déchaîné et* son Reflet *dans l'eau qui remplit le gouffre creusé des trois Christs du pilori.*

Saint Pierre. — Seul !

Son Reflet. — Seul.

Saint Pierre. — Sans appui, sans barreaux.

Le Reflet. — Sans cage, sans maître.

Saint Pierre. — Echo contradicteur qui jumelles mon être en un Pape de-tarots, que faire ?

Le Reflet. — Marche.

Saint Pierre. — Que faire ?

Le Reflet. — Prends le bourdon de ta crosse et marche.

Saint Pierre. — Ma barbe a été la girouette du quadrangle de tous les vents. Quel suivre ?

Le Reflet. — Marche à la croix de cuivre.

Saint Pierre (*fait un pas en avant et recule*).—Le gong de ma crosse sonore rappelle aux convenances étiquetées l'humilité de mes mules qui se plaquent insolentes sur la joue auguste de la Terre. Au bruit de mes pas trop hardis, deux chevaux à taille de mastodontes, blottis dans une fente des marches du Calvaire, vont-ils s'enfuir, et là-bas là-bas peu à peu s'amoindrir, et devenir petits comme des chevaux terrestres, jusqu'à ce qu'il me soient cachés par le vol des collines de pierre retombant autour de moi, par leurs sabots sonores détachées de leur couche l'horizon ?

(Au son de sa voix libre, les oiseaux s'envolent, sauf le premier, endormi en la posture d'une fleur de lys.)

Le Reflet. — Touche la croix d'une main ferme et sans déraison.

SCÈNE V

Saint-Pierre, *qui s'est avancé d'un pas avec* son Reflet *symétrique acolyte sous le sol luisant humide;* la Fleur de Lys.

Saint Pierre. — La Couronne d'Epines a fructifié en la couronne d'or gemmé qui encerclait chacune des dix têtes de la Bête. Réveille-toi, fleur de lys dormante, digne de régner sur mon être, puisque tu n'as point eu peur de moi en ton repos indifférent. Cette cassette couronnée est-elle le berceau de l'ovule fécondé d'où naîtra le Souverain futur ?

La Fleur de Lys. — L'homme ne naîtra plus, ni du sperme ni du sang ; par scissiparité nous multiplierons les cadavres, qui font belles les plantes à l'envol symétriquement infernal et céleste. Les hommes sont le Milieu, entre l'Infini et Rien tiraillés par les anses d'un zéro. Et quant à cette cassette, l'apôtre qui à la Porte Latine fut oint d'un sacre d'huile bouillante y écrivit : « *C'est ici la sagesse : que celui qui a de l'intelligence compte le nombre de la Bête ; car c'est un nombre d'homme, et ce nombre est six cent soixante-six.* » — Julien est mort depuis plus de mille ans, déchiffre un nombre nouveau.

Saint Pierre. — Fleur pure, qui seule t'épanouis sur cet arbre de la greffe des supplices, d'où sortira cet homme s'il ne naît ni du sperme ni du sang ?

La Fleur de Lys. — Il existe dans cette couronne, car toute couronne, crâne foré par la chute du zénith, est un cerveau. Cette couronne, corbeille sur la croix, est la plus haute, et rien ne peut la dominer. — Ce n'était point un Coq qui la scellait de ses griffes ; ce n'étaient point les croissants parallèles des plumes de sa queue sous lesquels rampaient les étoiles, c'était le croissant lunaire.

Et s'il te faut un miracle pour croire (je te sais pourtant triplement crédule, car tu as renié trois fois), je m'envole, regarde ton maître.

SCÈNE VI

Saint-Pierre-Humanité, César-Antechrist, les trois Christs, les cinq animaux ailés.

(*La Croix Couronnée baisse ses bras et marche vers Saint-Pierre prosterné.*)

Voix souterraines des trois Christs. — César ! — *César !* — César ! — Ceux qui sont morts te saluent.

Le Christ d'Argent, *de sa voix grêle*. — Que le scepticisme, crédulité bourgeoise, ne s'indigne point d'entendre parler les morts: sur votre sol local renversés, pour les Antipodes nous nous érigeons debout.

Le Christ d'Or. — Symétrique au-dessous de mon grand méridien, César-Antechrist, tu n'es que mon reflet dans la banale vision humaine.

Voix sortant de la croix. — Si je ne nais souverain égoïste, sadique et jaloux, le médiocre essaiera mon œuvre et ne t'enfoncera qu'au centre. Tu seras néant et n'auras point de sens ni de direction.

Le Christ de Bronze, *de sa voix de glas*. — César !

César-Antechrist. — Fourmilion sous la double voûte de mes pieds, nuages de l'ascension de ton sable, les littérateurs sans génie ni talent parlent de toi. En dehors d'eux, tu ne peux qu'être exprimé par leur verbe. Je suis le souverain miroir qui te réfléchis: tu me pénètres et c'est pourquoi je suis ton contraire. Et avec ma ruse perverse je te dis, te tenant renfermé en moi : c'est toi qui es mon contraire et qui me réfléchis. Je suis le souverain Mal, et tu es le Bien suprême. Que l'homme n'écarquille pas ses yeux, qu'abandonnent leurs crémastères : la stupidité de ces théories est vieille comme Ormutz et Ahriman. L'homme est la ligne d'écrasement entre nous deux, le plan nul où s'embrassent deux bulles de savon jumelées.

Le Christ d'Or. — César !

Le Christ d'Argent. — César !

César-Antéchrist. — La mort est le ressaisissement concentré de la Pensée; elle ne s'étoile plus infiniment vers le monde extérieur; sa circonférence, nyctalope pupille, se rétrécit vers son centre; c'est ainsi qu'elle devient Dieu, qu'elle commence d'être. La mort est l'égoïsme parfait et la véritable — ...Mieux vaut qu'elle entraîne d'autres morts vers la sienne, inverse d'un bâillement sympathique... Christ qui vins avant moi, je te contredis comme le retour du pendule en efface l'aller. Diastole et systole, nous sommes notre Repos. Primitif et primordial, tu promis aux esprits bruts non dégangués de la chair et de l'amour la Vie éternelle; je leur promets l'éternelle Mort qui crée la Vie comme le noir la lumière et le ressac des burins charrues l'imprimante crête des traits montagnes. On oppose le Néant à l'Etre, puis par l'erreur croissant en mode d'avalanche, le Néant à la Vie. Voici les contraires : le Non-Etre et l'Etre, bras de fléau du Néant pivot; l'Etre et la Vie ou la Vie et la Mort. Le soleil noir subsiste après les soleils tous les jours redorés du ciel terrestre. Je serai le disque de carton brûlé qui glisse, comme voit un ivrogne, sur les décors du septentrion où poussent le plâtre et la céruse, et les sels d'arsenic chus des plumes des paons pérennels.

Le Christ de Bronze. — César.

Voix aériennes des cinq animaux ailés. — *César !*

— César ! Ceux qui sont sur terre te saluent !

Alfred Jarry.

Dimanche, 22 avril.

MAHAUD

La tête coupée de Mahaud dans la coupe
sourit de son péché d'amour dévoilé,
aux trois beaux trouvères qui pleurent en groupe
pour avoir aimé la reine de Thulé.

L'époux de l'infidèle a voulu qu'on coupe
le cou de cygne féerique et fuselé ;
la tête coupée de Mahaud dans la coupe
sourit de son péché d'amour dévoilé.

Le Roy triste a fait emprisonner la troupe
des trois beaux trouvères aux merveilleux lais ;
le Roy de la jolie a voulu qu'on coupe
son cou frêle et qu'on leur porte à cajoler
la tête coupée de Mahaud dans la coupe.

TRISTAN KLINGSOR.

POÈME DU SAXOPHONE

I

SYNTHÈSE

Le prêtre agenouillé prie, afin d'oublier ;
Ce soir voluptueux augmente son martyre :
Il ne veut pas aimer et la Femme l'attire,
Et contre elle sa foi n'est qu'un vain bouclier.

L'odeur des foins s'épand et fait rêver les vierges,
Puis, à l'horizon rose où le couchant pâli
Se meurt, en son linceul funèbre enseveli,
La nuit avec lenteur allume tous ses cierges.

Et malgré ce décor de bonheur merveilleux,
Les amoureux déçus demandent en tous lieux
Pourquoi de l'amour vrai nul dieu ne fait l'aumône.

Et c'est pour implorer les destins oublieux
Que ton timbre bleuit, lunaire saxophone,
Le lyrisme et l'ennemi d'un fataliste faune.

II

LE VIEUX

Sur son nom désormais ridicule et sali,
Sur son amour trompé, sa majesté perdue,
Sur l'œuvre d'avenir qu'il laisse inaccompli,
Le vieillard s'apitoie, impuissant à l'oubli,
Et le cœur encor plein de tendresse éperdue.

Ah ! comme il se retrouve affreusement lassé
Au réveil désolé de son sève lubrique !
Baveux, tremblant, sans sève, à tout jamais glacé,
Il cherche avec angoisse où sa force a passé,
Et pour le vieux cocu, le vent se fait lyrique.

Le vent de mai divague, alerte et triomphant,
Mélodieux soupir du Tout hermaphrodite,
Et l'amoureux déchu pleure comme un enfant :
Tout ce désir épars ! son pauvre cœur se fend,
Car il songe à l'épouse adorée et maudite.

Il l'avait rencontrée aux jours où le sang bout,
Et gardée avec lui pour couronner sa vie :
Patriarche orgueilleux, il voulut jusqu'au bout
Aimer avec ivresse et se tenir debout,
Heureux d'avoir les biens que l'homme aveugle envie.

Oh ! les adolescents timides et malsains,
Comme il les méprisait, ces fatigués de jeûnes
Lorsque ses mains erraient, pour de vagues desseins,
Des cuisses à la croupe et de la vulve aux seins,
Pareil aux dieux païens, éternellement jeunes !

Dans le tas des vieillards aux désirs émoussés,
Lui, fier de sa chair forte et de sa lèvre avide,
Humait l'amour, cynique et grand, sans dire : Assez !
Loyalement heureux des spasmes insensés
Par lesquels le cerveau se détraque et se vide.

O fièvre ! il possédait, selon ses premiers vœux
L'épouse initiée et virginale encore
Qui, serve au doux parler, murmurait : « Si tu veux ! »
Et d'un regard profond accueillant ses aveux,
Transformait son couchant en printanière aurore.

Oui, mais l'épouse a ri du sénile mari ;
A des bras étrangers elle a livré son buste,
Car le vieux est pareil au ruisselet tari.
Maintenant flagellé par le final décri
Raillant la vanité de son torse robuste,

Il cache son amour comme on cache un affront !
La babine pendante et l'échine affaissée,
Il écoute prier ceux qui le tromperont
Pour que la bonne mort se penche sur son front,
Et lui claque les reins de l'ultime fessée.

Eugène Thebault.

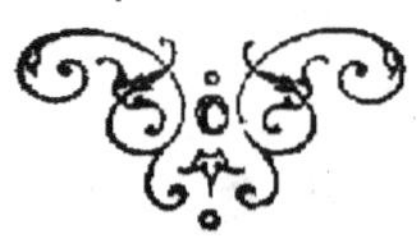

L'IDÉALISME LATENT ET LA FOULE

L'idéalisme, à la fin, exaspérait Bouvard.
FLAUBERT.

à Paul Adam.

I

Primitivement, les peuples enfants connurent l'Idéal dans toute sa pureté, car ils adoraient la Divinité dans le simple temple de la nature, où seuls sacrifiaient à l'Être primordial, sur l'autel de granit, les éléments déchaînés. C'était là, peut-être le superlatif de l Idéal. Il se trouvait, à la naissance du monde, émanant encore du chaos, développé à un tel paroxysme que rien d'humain n'eût été capable d'en rendre le frisson ; car l'Idéal c'était Dieu.

Des hommes vinrent — brahmes, lévites, mages, hiérodoules — qui s'instituèrent arbitrairement les représentants de Dieu. Ils restreignirent la Pensée divine et la voulurent entre leurs mains, palpable et grossière, mais dispensatrice de puissance ; ils pétrirent des idoles. La sublime image de l Idéal descendit, altérée, de Dieu à la représentation de Dieu. La suffisante musique fut d'abord l'unique louange adressée vers le ciel, mais du principe secondaire de l'Art — idéal relatif — naquirent, par l'institution des mythologies, la Poésie, par l'édification des temples, les arts plastiques.

Ainsi le premier but de l art fut de représenter l'Idéal. Mais cette idée fondamentale, à travers les siècles, a dévié absolument jusqu'à vouloir dire, quelquefois, tout le contraire de sa signification authentique. Il importe de connaître les causes de cette aberration, qui, en nos contemporaines années, fut plus flagrante que jamais et plus dominatrice qu'en les temps écoulés.

L'Idéal, en la terrible et merveilleuse grandeur des cultes païens, n'était qu'adventice, plus extrinsèque qu intrinsèque, comme par erreur, en de faux dogmes. Ces cultes tombèrent en désuétude ; seule de ces grandioses conceptions, celle de Buddha modifiée par celle de Brahma demeura, car elle était la plus pure et la plus lointaine.

Un principe autre, à l'apogée de leur puissance, naquit : le christianisme ; et les religions connexes moururent. Ce fut un retour à l'Idéal primitif, plus pur que l'Idéal ethnique, certes, mais pas Idéal parfait. Or l'Idéal parfait, en art, n'existe pas, c'est pourquoi au christianisme, Idéal imparfait fut donné d'apporter une si vigoureuse impulsion au souci du culte extérieur.

Malheureusement la Foule, elle, descendit une voie opposée et proportionnellement aussi avancée ; elle s'inclina, s'affaissa, se courba, de siècle en siècle, sur la Matière. C'est pourquoi, aujourd'hui,

alors que plus que jamais s'élèvent les esprits nouveaux, elle, plus que jamais se trouve abaissée et
dans l'absolue incapacité de les comprendre; la
Matière est devenue l'adéquate modalité de la
Foule.

Le premier symptôme de cette bassesse remonte
à des temps très anciens : Moïse pâlit devant le
veau d'or. Par l'autorité du prophète, cet attribut
nouveau d'Israël disparut un moment, mais pour
plus tard renaître, grandir et s'étendre plus qu'autrefois, symbole du Mal, en présence de la croix,
symbole du Bien.

L'or hypnotisa. Cet or luisait dans le regard
d'Ahasvérus quand il passa devant Christ, si pauvre
et pourtant l'œil empreint de bonté. Et Ahasvérus
se vengea de Christ qui l'avait condamné à errer,
en laissant derrière lui, sur toute la terre, aux endroits où il passa la marque idolâtre d'Israël : le
veau d'or.

Aujourd'hui Ahasvérus a tant marché, il a par-
couru tant de pays, il a si bien vu jusqu'au plus
infimes endroits de la terre que par son emblème
de pouvoir sans cesse multiplié, devant cette lueur
étincelante sans cesse étalée, il a fasciné le monde,
il en a fait une des faces de la Matière, l'objectif
unique de tous les désirs de l'homme.

La croix sainte a reculé devant l'or et même elle
s'est avilie dans l'or; c'est pourquoi la croix n'est
plus la croix et c'est pourquoi, aux yeux de la Foule
sans Divinité, la Matière, représentée par le métal
seule subsiste, source et matrice.

Aujourd'hui et depuis quelques années des tendances nouvelles, des formes autres ont été l'oblation d'âmes d'élite à la Divinité : c'est l Idéalisme renaissant, le culte retrouvé de la Sainte Beauté.

Mais la puissance de ce culte restreint n'est que potentielle ; la seule force prépondérante, immédiatement du moins, est celle de la Foule. C'est pourquoi l'Idéalisme actuel ne vit que par l'avenir d'hommes de génie qui doivent venir ; mais il est fort quand même, car il a la pérennité et il est le prolégomène de la Religion de Demain, qui sera, elle, l'idée subjective retrouvée pour les temps futurs. Ainsi toute la propulsion des affirmations d'art, en ce sens, s'est développé à côté de la Foule, en dehors d'elle, comme tout ce qui est au-dessus de sa compréhension et qui, par son mystère, devient Rite.

Or la Foule n'aime pas les Rites, car elle ne croit plus.

II

De cette antithèse une lutte est née, qui, nous le croyons, ira s'accroissant : la lutte du Lucre et de l'Idéal. Elle dure depuis des siècles, elle durera des siècles encore. Les Juifs, selon ce qui fut prédit et ordonné, furent dispersés partout ; grâce à leur cautèle et à leur habileté avaricieuse, ils devinrent, pour y demeurer longtemps, les Rois de l'or.

Leur crédibilité unique — l'or — fut imposée au monde. Les chrétiens qui massacraient les Juifs agissaient *ab irato* dans la crainte d'une amission damnable s'ils montraient de l'indulgence. Les mêmes mains peut-être édifiaient le miracle des cathédrales merveilleuses, ces mains se défendaient — déjà! Ce fut une faute, faute qui prépara la puissance à venir des Sémites; quiconque est frappé par le supplice est sanctifié et porte entre ses mains le signe de vengeance. Les Juifs portaient l'or.

Ils résorbèrent en l'or tout l'éclat, tout le luxe, toute la gloire, toute la vie; l'or devint l'image unique, l'icône sainte.

Les Iconoclastes, certainement, avaient du sang sémite dans les veines; s'ils brisaient les Panaghias et les Iezous, s'ils dépouillaient de leur splendeur formidable les Basileus Autokrators, c'est parce que toutes ces choses représentaient et avaient pour but autre chose que le Métal. Quand Constantin V proclama l'abolition des peintures représentatives sous prétexte de dulie et d'hyperdulie, signes d'idolâtrie, il réserva l'Or pour en mettre à l'impérial sarikion et au sceptre de Iustinien : l'or fut puissance.

Des hommes naquirent, qui pour le consacrer en firent la base des exégèses; ces hérésiarques furent les vrais maîtres.

Zeus, Belus, Ammon, Moloch étaient morts devant Christ; Christ devait mourir devant l'or. Et ceux qui gardèrent en eux le souvenir passé de celui-là eurent seuls, en l'âme, une parcelle d'Idéal : d'où artistes.

Mais toujours ils furent marqués comme les dissidents d'un culte dont les hérésiarques de l'or furent, aux yeux des masses, considérés comme les seuls officiants. Mais il appert que le fait existe et, par corollaire, l'antithèse. L'impérial sarikion ne ceint plus le crâne d'un Oupravda ou d'un Isaurien, il laure le front des grands Sémites et généralement de ce qu'il est convenu d'appeler bourgeoisie. Il serait sot de rééditer de vieilles plaisanteries contre ce mannequin : Joseph Prudhomme. Il ne faut pas plaisanter, d'ailleurs, car lui Prudhomme ne plaisante plus, il est devenu féroce, ayant la force corruptrice.

Une minime partie des souffrants, un conventicule désigné d'avance au supplice, pour des causes matérielles, a levé la main : d'où l'anarchie.

Cependant que la dernière expression de l'Idéal se manifestait par ce qu'il fut convenu d'appeler symbolisme.

Mais les symbolistes, partisans sans doute d'une anarchie idéale, ne sauraient, intelligemment, se lier à ceux là dont la violence supprime. Ils doivent se souvenir que les mauvais hérésiarques se sont élevés par l'auréole des persécutions continues, à travers les siècles. De nouvelles victimes donneraient encore plus de prestige au principe sémitique. D'où la nécessité de se séparer et d'attendre, en silence, l'heure propice.

III

L'égotisme ne doit pas atteindre les grands artistes car ils doivent édifier non pour eux et en eux,
mais pour le monde et pour les siècles L'anarchie
est, peut-être, un développement infini et général
de l'égotisme, par l'expansion, en chacun, d'une
individualité. L'idée est louable, mais elle est jeune,
encore en gestation, incapable, sérieusement, de
changer immédiatement quelque chose, ne pouvant
que se nuire plutôt par une trop prompte solution.
Il faut entre l'actuelle société et elle une époque
transitoire, tout intellectuelle sans doute, par une
éclosion d'un art neuf, ramené au culte du Beau et
de l'Harmonie, en propitiatoire offrande sur la
table lustrale des temps qui doivent s'accomplir.

Sans quoi tout le mouvement dit « jeune » d'idées
et d'œuvres autres se fut-il tenu à l'écart de la foule
séparé, refoulé, par une sorte de convention tacite?
La foule est ennemie de tout changement, nous ne
disons pas de tout progrès, car le progrès est du-
bitatif. Et l'artiste, lui, ne doit pas douter.

C'est pourquoi l'art de tendances actuelles est
considéré, par la majorité des foules, comme tumul-
tuaire. L'idée mal entendue de liberté a développé
chez les peuples une éthique fausse qui carroda tout
principe : elle ne souffrit plus de contrainte. Or,
admirer, par exemple, est une contrainte, puisqu'il
faut, une minute, annihiler son « moi » devant un
autre « moi » supérieur et l'apprécier. Rire n'est pas

une contrainte, avilir n'est pas une contrainte d'où cette volupté de la foule de descendre au médiocre et au vil (1), non par strabisme intellectuel mais par une absolue entité sentimentale.

Raisonnant congrûment, Baudelaire écrivait (2) : « on dirait que de l'amour impie de la liberté est née une tyrannie nouvelle, la tyrannie des bêtes ou zoocratie qui, par son insensibilité féroce ressemble à l'idole du Jaggernaut ».

Si nous voulons respirer, en la démocratie moderne, soyons médiocres (3).

Soyons gnostiques et vouons-nous à ces Eons beaucoup plus intelligents que les autres : les louis d'or.

Soyons sémites.

Reste à savoir si notre fierté n'y pliera. L'orgueil n'est pas coercible ; au mépris de toutes les décon-

---

(1) En France surtout, depuis Voltaire. L'Angleterre et l'Allemagne, qui n'eurent pas de Voltaire, conservèrent un mysticisme et un art plus nobles.

(2) Edgar Poe : *Préface*.

(3) Le journal des Goncourt, qui n'est pas un modèle de style, est cependant précieux parfois comme documents. Celui-ci par exemple :

« Un mot caractéristique de ce temps. Grévy demandant au « Directeur des Beaux-Arts comment il trouvait le Salon de cette « année :

« — Pas d'œuvre supérieure, mais une bonne moyenne.

« — Très bien, répondit Grévy, c'est ce qu'il faut, dans une République. »

Voilà qui vient à l'appui de mes paroles et qui peint bien toute l'époque !   (E. P.)

sidérations, il sied plus que jamais de s'en vêtir
pour lutter contre ces ambiances : les Foules.

Les médiocres, faussement timorés et atteints
d'une vésanie qui leur rend la compréhension abs-
truse le plus souvent, veulent traiter l'Idéal comme
une sorte de déviation cérébrale.

Ce n'est pas d'aujourd'hui.

« Les gens ne croient plus que ce qu'ils peuvent
voir », disait déjà Pascal.

A l'heure où, sur les tréteaux d'écoles diverses,
tant sont saltateurs passagers, il importe haute-
ment de rester en l'amour du Rêve et de la Vie et
d'affirmer, devant la Foule hostile l'inébranlable
foi qui guidera vers Demain. Les artistes, depuis
les premiers vagissements cosmiques, forment la
trajectoire qui doit relier l'Idéal des premiers temps
à l'Idéal aussi pur de l'Avenir. Et pour cela il n'est
besoin de kabbale ni de métempsycose, mais simplement d'œuvrer selon son âme, vers la Beauté.

EDMOND PILON.

Juin 1894.

THÉATRES

Théatre de l'Œuvre. — *La Belle au Bois Dormant*, féerie dramatique en trois actes, par MM. Henry Bataille et Robert d'Humières, musique de M. Georges Hue.

Pour une fois, savez-vous, la confraternelle Quotidienne a dit vrai : cette pièce fut absolument mauvaise. Et pourtant nous étions pleins de bonne volonté, nous autres — malgré notre méfiance (combien légitime !) des auteurs mondains. Ah! comme nous regrettions le conte de Perrault ! Au premier acte, on attendit le second. Au deuxième, il fallut procéder à l'expulsion de quelques-uns qui baillaient trop bruyamment. Au troisième.... je je n'étais plus là, ah! non!

Et pourtant, *la Belle au Bois Dormant* renferme quelques jolies choses : les adieux de la vieille à l'*oiseau bleu, couleur du temps ;* et puis la musique, et puis les décors. Le réveil de la Princesse, sous le sceau des trois baisers. était bien la «.scène à faire » mais pas si longue, non plus que celle de l'Apparition où M. Lugné-Poe nous débita, sous l'averse d'une fontaine lumineuse, le monologue le plus fastidieux. Aussi on a dû être bien content quand, au dernier acte, la Belle fut rendormie.

La musique assez poétique de M. Georges Hue ne parvint pas à couvrir les banalités — naïvement symbolistes — émises par les acteurs. Et « d'ailleurs » l'interprétation fut mauvaise. A part Mlle Bady dont le beau physique seconde l'incontestable talent, les personnages jouèrent médiocrement. M. Lugné-Poe n'a pas été lui-même.

Les décors, de MM. Rochegrosse et Auburtin, étaient fort beaux et les costumes, de MM. Burne-Jones et Rochegrosse, l'étaient assez — sous les jets trop variables de la lumière électrique. Louis Lormel.

Huitième spectacle de l'Œuvre.

Nous sommes redevables à M. Lugné-Poe d'une représentation de la *Gardienne* et d'une inoubliable soirée. Je n'écrirai point ici du poème de M. de Régnier, car la forte éducation normalienne ne m'ayant pas nourri, j'ignore l'art de disséquer la Beauté et de faire de l'écriture avec mes émotions. J'aurais, d'un autre côté, quelque ridicule à vous avertir que ce poème est admirable, car tous ceux qui feuilleteront cette revue le savent, et quelques-uns le savent trop. Mais je crois qu'il n'est pas un de ceux qui aiment comme elle le mérite la noble voix de M. de Régnier, qui n'ait trouvé à cette représentation un plaisir nouveau et différent de celui que lui apportait de coutume la lecture de la *Gardienne*. Lorsque la bénévolence des directeurs y donne une autre pâture à notre curiosité de beau que les cristaux du lustre, le théâtre est vraiment une chose merveilleuse en ce qu'il nous impose des sensations d'une violence inaccoutumée. Nous nous interrompons d'une lecture aux beautés trop impressionnantes, mais au théâtre nous n'avons pas ce loisir. Puis nous éprouvons le besoin, que nous n'avouons pas ici sans quelque humiliation, de faire connaître notre joie à nos voisins, et s'ils paraissent ne pas la partager, nous nous irritons. Tout cela centuple notre enthousiasme. Tout cela, et d'autres causes encore, et sans doute aussi cette magie qu'immémorialement exerça sur l'homme le fait d'une représentation théâtrale... Toujours, j'en sais plusieurs qui l'autre soir étaient littéralement ivres.

On nous avait avertis que ce spectacle serait « alourdi » d'une conférence de M. Lucien Muhlfeld. Il l'était encore de deux pièces scandinaves : *Frères*, de M. Bang, et *Créanciers*, de M. Strindberg. Je ne vois pas trop ce que je pourrais dire de la première ; nous n'y avons rien rencontré où attacher de l'intérêt, et nous n'en gardons nulle rancune à M. Bang, car c'est probablement plus notre faute que la sienne. La seconde nous a trouvés un peu plus curieux, et elle a sans doute quelque valeur, mais vaut surtout, je crois, par comparaison : si elle ne nous a guère fait naître de goût pour son auteur, elle nous a fait mépriser un peu davantage les jeunes *rosses* de chez M. Antoine qui exploitent des « situations » analogues. Surtout, ô surtout, elle ne nous a pas fait oublier *Ligeia !*

D'ailleurs, on le sentait, ces choses-là n'avaient nul caractère de nécessité et n'encadraient la *Gardienne* que parce que la coutume assigne à une représentation théâtrale un nombre d'heures à remplir, mais le poëme de M. de Régnier occupait *moralement* tout le spectacle. M. Lugné-Poe nous en promet d'autres pour sa prochaine saison, consacrés au seul culte de la Beauté, et il nous fera voir sur son théâtre la radieuse *Cordelia*. Comme nous devons l'en remercier ! Nous conserverons, en attendant ces merveilles, le souvenir de cette chaude soirée de juin et de la belle fièvre avec laquelle tant de jeunes hommes, sous le ciel, ruisselant, il leur semblait, de plus d'étoiles, regagnèrent leurs demeures en rythmant par les rues

> O forêt belle de solitaires automnes.

Que ces quelques lignes, maladroites et émues, ne soient prises pour autre chose que pour l'hommage de reconnaissance et d'admiration de l'un d'entre eux.

Maurice Cremnitz.

Théâtre des Lettres. — *Deux Douleurs*, drame en un acte, par M. François Coppée. — *Les Lâcheurs*, comédie en quatre actes et cinq tableaux, par M. Édouard Franchetti.

Des théâtres se fondent tous les jours ; il en naît autant qu'il apparaît de revues et qu'il s'ouvre d'expositions. Voilà qui semble bon signe ! Oui, mais débuter par la reprise d'un drame rococo-familial de M. Coppée? Les mères, du moins, ont pleuré.....

Quant aux *Lâcheurs,* de **M.** Franchetti, c'est la « pièce à faire » comme dirait l'autre. Il est évident que le pays du Mufle offre une extraordinaire variété de lâches et de lâcheurs. Il y aurait notamment une jolie étude à écrire sur ce qu'ils appellent l'honneur.

Tous ces gens de cercle, qui « lâchent » Gaëtan parce qu'il a payé, avec l'argent de sa maîtresse, une dette de jeu, me paraissent plus beaux que nature. Çà et là, dans la pièce, des traits d'observation dénotent un auteur dramatique.

Il fera des comédies rosses et c'est toujours bien, les comédies rosses.

Théâtre de la Rive-Gauche. — *Le Vendeur de Soleil,* un acte, par Mme Rachilde. — *Virginité fin-de-siècle,* pièce en quatre actes, par M. Charles Froment.

Le Théâtre-Libre est mort; si M. Larochelle avait l'intention de le faire revivre, nous lui dirions qu'il tente l'impossible. Mais la très noble représention d'*Axël* nous est une suffisante garantie. Le *Vendeur de Soleil,* est-ce bien une pièce? En tout cas, ce monologue du camelot-poète qui veut révéler à la foule la beauté du ciel — et n'est pas compris — est d'un symbolisme toujours actuel. La preuve, c'est que Sarcey n'y a rien vu.

Virginité fin-de-Siècle, c'est l'histoire d'une jeune fille dévergondée qui épouse un jeune homme fort niais. Non seulement elle ne l'aime pas, mais elle en aime un autre, nommé Delierre qui, lui, aime une demoiselle Hélyonne. Cela finit par une volée de coups de cravache sur le dos de la jeune fille fin-de-siècle. Nous félicitons vivement son mari, qui est M. Larochelle. Mlle Camée a, comme lui, fort bien joué.

Nemo.

LES LIVRES

Ibis, par Paul Leclercq, avec un frontispice d'Auguste Donnay (à la *Revue Blanche*). Ce petit livre, qui s'ouvre sur une page charmante,

> Au ton bleu de miroir qui reflète des neiges
> Et les larmes des chrysantèmes moissonnés

s'annonce d'une façon délicate et tout à fait exquise, frêle à peine, comme une vision de paysage de tristesse automnale où rêve Ibis,

> L'oiseau mystérieux nimbé d'un reflet d'or.

Il se continue par d'évocatoires et légères songeries en d'irréels décors de mousseline qui prêtent aux phrases ténues et pâles comme de la soie. Mais bientôt des histoires de Pierrots, des visions de têtes de veaux (M. Leclercq trouve du charme aux têtes de veaux) déconcertent absolument jusqu'à la finale des « poux d'Elléonore ». Je ne sais si l'auteur a voulu pimenter ses symboles de fumisteries; s'il le désirait, il a réussi.

C'est dommage, car tels passages révèlent quelque chose de mieux.

Edmond Pilon.

Jonchée, par Edouard Michaud (Bibliothèque des Modernes). — Une dizaine de sonnets trop bien faits pour avoir une originalité remarquable, si bien faits que l'amour de la rime riche arrive à de telles choses :

> Le soir rose qui vient de naître
> Rit comme un verre plein de vin (sic).

Pourtant l'auteur — qui doit être jeune — se rachète par ces vers :

> La terre délassée émerge du sommeil
> Et divinement calme et béate, sans fièvres
> Devance le baiser royal du grand soleil.

Edmond Pilon.

Le Poème de Noël, par J.-R. de Brousse. — M. de Brousse est très parnassien et il vénère profondément M. Coppée : c'est son droit. Mais il a dix-sept ans et il aurait tort de s'arrêter à cette conception surannée des Mythes tant rebattus auxquels tous ont sacrifié, à son âge. Plus tard il apprendra qu'une simple impression d'âme suffit, pour émouvoir. Qu'il se dégage d'une façon plus originale , alors on verra... car il n'est pas dépourvu de talent.

Edmond Pilon.

Première Étape du Néophyte, par Maurice Le Blond (Hors commerce). — Quand on lit M. Maurice Le Blond on pense à M. Saint-Georges de Bouhélier ; quand on lit M. Saint-Georges de Bouhélier, on songe à M. Emmanuel Signoret. M. Signoret proclame qu'il est un génie ; M. Le Blond affirme que M. de Bouhélier en est un autre. Il est toujours très dangereux pour un artiste d'appartenir à une école, à moins que cette école ne soit la sienne.

Louis Lormel.

Reçu :

Propos de Littérature, par Albert Mockel (Librairie de l'Art Indépendant); *Le Péché*, par divers (Bibliothèque des Modernes); *Saint-Antoine affirme*, par Henri Mazel (Girard) ; *Portraits du prochain Siècle*, Tome Ier (Girard) ; *Fleurs pâles*, par Jacques Le Lorrain (Vanier) ; *Vers la Vie*, trois drames par Richard Ledent (Liège : Bénard) ; *Contes et Légendes*, par Paul Germain (Mons : imprimerie Princelle).

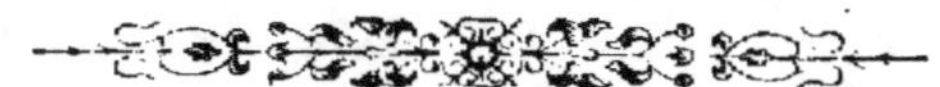

NOTES ET ÉCHOS

A la demande d'un certain nombre de nos lecteurs, nous réimprimons dans ce numéro le beau *Sonnet* de M. Stéphane Mallarmé, déjà paru dans *l'Art Littéraire*.

Nouveaux Confrères : *Thélème*, revue mensuelle, (6, rue des Coutures-Saint-Gervais, Paris). — Directeur : Jules Delpuech ; rédacteur en chef : Léon Lartigue. — *Stella*, revue mensuelle, (38, rue Vautier, Bruxelles), Secrétaire de rédaction : Arthur Toisoul ; Administrateur : A. Bourgom. — *Pages Littéraires*, revue mensuelle, (26, boulevard de Plainpalais, Genève).

NOTRE CONCOURS DE PROSE

L'Art Littéraire ouvre un concours de proses *inédites*, avec prix de 50 fr. en espèces. Chaque manuscrit, non signé, ne devra pas excéder 150 lignes et sera accompagné d'une enveloppe contenant le titre indiqué en tête du manuscrit et les nom et adresse de l'auteur. Un jury, composé de 3 membres choisis parmi nos rédacteurs et qui ne pourront prendre part au concours, se prononcera sans connaître les auteurs. Après quoi, les enveloppes seront ouvertes et l'œuvre choisie sera publiée. *Les articles qui mériteront des mentions honorables paraîtront également dans* L'Art Littéraire.

Le droit de concours, destiné à couvrir nos frais, est fixé à 2 fr. par article envoyé. Le concours, ouvert dès maintenant, sera clos le 1er octobre prochain. Si le nombre des envois est reconnu insuffisant, les souscriptions seront remboursées. Joindre un timbre pour réponse.

Le Gérant : COURTOIS

Paris. — Imp. A. Reiff, 3, rue du Four.

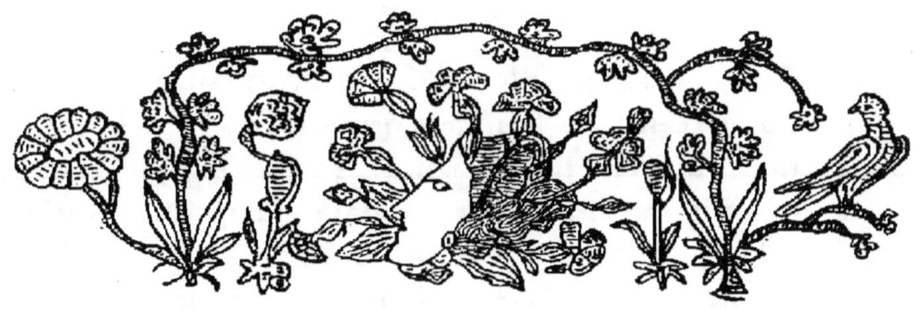

LES BRAS LEVÉS

La scène représente un océan de têtes, d'où surgissent, comme des balises à demi découvertes par le flot, une forêt de bras levés. C'est un peuple à genoux et en prière.

Les têtes se dressent entre les bras levés ; des varechs et des lichens pendent aux balises ; le vent, soufflé de l'orient, gonfle ces chevelures et les soulève selon un rythme qui semble aussi une prière.

Le peuple est à genoux ; des invisibles yeux, extasiés de terreur et d'espoir, une lueur lactée s'exhale et monte vers le ciel. Les âmes gravissent la voie lactée, jonchée d'éclats de perles, et le chemin blanc, mais strié de barres nocturnes, de larmes de feu, de sanglantes moisissures, s'engouffre et se perd, aux suprêmes altitudes, dans la gloire fulgurante du Pentagône.

Le Pentagône oscille, puis tourne sur lui-même comme une roue ; les flammes qui sortent de ses angles s'enroulent autour de la roue ; le Pentagône tourne avec une vitesse infinie et propage jusqu'aux confins du monde un tourbillon d'air enflammé, où s'agitent des prunelles désorbitées, coquilles de noix phosphorescentes emportées dans le fleuve obscur et circulaire du maëlstrom universel.

A ce divin spectacle, le peuple à genoux frissonne d'amour et de reconnaissance ; la piété se prosterne dans tous les cœurs et dans tous les ventres l'humilité se couche sur les dalles parmi les détritus de la vie. Sur le chemin blanc, qui a résisté à l'énergie du tourbillon, les âmes s'élancent et se bousculent ; on les voit, corpuscules d'incombustible amiante, trébucher aux éclats de perles, escalader les barres nocturnes, franchir les larmes de feu, nager à travers les sanglantes moisissures...

La roue s'arrête et redevient pentagône ; ses angles s'effacent : c'est un cercle ; il se gonfle : c'est une sphère. Ce spectacle ne paraît pas moins divin que le premier. Les bras se tendent plus nerveusement, les têtes se renversent bien décidées à contempler l'Infini face à face et dans toute sa gloire. Le chemin blanc est tout chargé d'une épaisse poussière d'âmes : une fourmilière monte à l'assaut du ciel et menace l'or limpide de la Sphère immaculée.

Voilà que toutes les mains et toutes les têtes ont

tremblé d'une même secousse : les premières fourmis
font une tache sur la glorieuse sphère et une ligne
d'âmes s'écrit bientôt de l'un à l'autre de ses pôles. La
Sphère s'obscurcit : le peuple a conquis son Dieu.

En bas, un à un les flambeaux, une à une les lampes
s'éteignent ; les bras et les têtes s'évanouissent dans
l'air, et le vent d'orient, qui passe au dessus des corps
détruits, emporte vers le Futur le parfum atomal de la
Vie.

Le monde est devenu noir ; un Dieu informe et lourd
pend·comme un lustre éteint au dessus des ténèbres ;
n'ayant plus de spectateurs, l'Infini a fermé les portes
du théâtre, — mais il se recueille et il songe : « J'étais
Pentagône. Je serai Triangle. »

La Sphère obscure se déplace sur son axe ; elle se
gonfle encore ; des points d'or apparaissent sur sa peau ;
les fourmis commencent à pleuvoir sur le monde où des
lueurs tombent. La Sphère éclate et de ses débris, ra-
menés au centre par l'attraction, le Triangle se forme.

Toutes les âmes sont rejetées sur la terre et à mesure
qu'elles touchent le limon, les atômes se groupent
autour de leur essence, car le vent d'Orient, ayant fait
le tour du globe, est revenu chargé du parfum atomal
de la vie.

Les flambeaux et les lampes s'allument : les têtes se
dressent, les bras se lèvent ; l'inconsciente prière monte

en lueur lactée vers le pluriforme Idéal et les âmes re-
commencent à gravir le chemin blanc du ciel, le chemin
qui donéravant, va s'engouffrer et se perdre, aux
suprêmes altitudes, dans la fulgurante gloire du Triangle.

REMY DE GOURMONT.

23 Juillet 1894

EXTRAIT DE LIVRE [1]

Et,
    c'était toi! Matière, phénomène d'elle-
même sous les déterminantes aggravées!
germe dans toi de toi germant, texture agie
et agissante de Venir : toi, de ton tout
et ton plus-Simple magnétique — Carbone!

                         Où
qu'on te veuille, toi qu'on trouve : dans la surgie
diaphanéité qui meut, de la nouvelle
stellation! et dans la pierre des Planètes
tournant multiplement leurs masses entravées
et dans le détritus où nous allons, de la
Terre de soir où pleut de nos Carbures
                        la
cendre! — toi qu'on trouve, Carbone!...

---

1. Du volume I du Livre V de la 1re partie de ŒUVRE. — Bien
que terminé, ce volume devant paraître, non en novembre, époque où
M. René Ghil à l'habitude de publier annuellement, mais peut-être
au printemps seulement, nous publions cet extrait d'un des Chapitres,
sorte d'ode au Carbone. Avec celui-ci commence la série des volumes
de Biologie.

Omni-latent

tu es : essentiellement, de l'attestant
torrent essentiel entourant des tempêtes
haut magnétiques, les deux Pôles de l'aimant —
adamantine ta vertu dépend ! et du
polaire déploiement des aurores tendu
aux longitudes irradieuses, quand lutte
d'éruptives tornades simultanément
le Soleil de la même origine : et aimant
et diamant, toi qui détournes de son émute
d'inquiétude l'Aiguille quêtant le nord :
toi de toute-Genèse, Carbone !...

En transport

atomique muant le phénomène, lutte
et amour des sels et volatils, l'Univers
d'éléments est de toi, qui t'engendras divers !
allotropique et-isomère en de lointaines
ou ennemies vertus nouvelles — lointaines
de tels évolus protéismes ! et qui, tels
et en suspens de devenirs hétérogènes
et inertes quant à la Masse, à heurts agènes
s'isoleraient :

mais toi, de tous ses immortels

atomes l'Élément primordial, tu persistes
de l'Univers l'entremetteur aux trismégistes
immixtions — et tout tenant de toi, à travers
et en toi tout s'attire et s'unit, et tout mêle
en un mode muant son ellipse partielle :
toi la texture et toi le lien, Carbone !...

En la

latente et lente ustion d'être où s'assimile
et se désassimile tout : et par delà
l'horizon que remplit la tornade ouranienne —
en, ô vertige-orient qu'aux lois de l'amas
des ellipses, outrément en départ détienne

leur ellipse vainquant leur densité ! en les
comètes à n'être qu'errants soleils :

                en les
uriques phénomènes d'être des plasmas
agités de la Vie, le produit est-elle
de l'âpre et gravitante lutte, où tout-pantèle
tout atome de l'Univers, des pullulés
Magnétismes-actifs : donc —

           ô lien et texture !
où qu'on te veuille, toi qu'on trouve ! toi Nature
et de toute Genèse ! en éternel moment
tu restes qui se mue et éternellement
consume —

      or, selon quoi le Devenir s'ordonne !
Igné des temps, Matière et Acte — toi ! Carbone...

RENÉ GHIL.

LES MINVTES DE SABLE MEMORIAL

PROSE

Saint Pierre parle.

Comme deux amants
La nuit bouche à bouche
Dispersent leur couche
De baisers déments ;
Tête du Ciboire,
Épanche en mon sein
Ton amour malsain.
Nomme-t-on ça croire ?
De mon Dieu jaloux,
Il n'est pas pour vous.

L'un me dit qu'il l'aime :
Ane du latin,
Il me cite même
Du saint Augustin ;
Plus ou moins notables
Épluchant des faits
Grattés sur les tables
Froides des cafés.
L'un me dit qu'il l'aime,
L'autre qu'il blasphème.

L'amant de son Dieu
A son nom qu'il jure
Dans sa bouche impure
En tout temps et lieu.
Dans un petit groupe
Le blasphémateur
Cite son auteur
Aux pages qu'il coupe.
Les blasphémateurs
Sont littérateurs.

Il me plaît répandre
Dans un lieu fermé
Comme au vent la cendre
Le sang de l'aimé.
Et j'aime qu'il rampe
Devant mon courroux ;
Sa langue de Lampe
Lèche mes genoux.
Dieu permet encore
Que je Le dévore.

Mais il ne veut pas
Que l'on s'évertue
En d'oisifs combats ;
Que l'on prostitue
L'amour éprouvé
A l'âme banale
Qui n'a même pas le
Chic du réprouvé.
Il s'offre à ma fête —
Pour que je Le prête ?

De mon Dieu jaloux
Dont l'on fait un thème,
Il n'est pas pour vous
La mode est qu'on l'aime ;
On en fait un sport.
On le prend peut-être
Pour un beau décor...
Comme une fenêtre
Fermons sur ma croix
Sa porte de bois.

ALFRED JARRY.

SACRILÈGE

Le vieux mendiant traversa le village, frappant à toutes les portes. Ce fut partout le même accueil, le même refus, les mêmes paroles sèches que lui jetèrent à la face des gents mécontents d'être dérangés.

Enfin il atteignit la dernière habitation, une maison coquette, avec un toit d'ardoises et des contrevents verts. Du bout de son bâton il heurta la porte. Un guichet s'ouvrit ; une voix demanda : que voulez-vous ? L'homme gémit, implora la charité : une croûte de pain, un coin dans l'étable.

La voix répliqua, inexorable : « Passez votre chemin, vieux sorcier, mon fusil a quelques bonnes chevrotines pour vous répondre ; » et le guichet se referma, laissant le mendiant se lamenter au dehors.

Le vieux resta un moment immobile, puis partit, plus courbé sur son bâton, tâtonnant de la main sa besace vide. Sur la route il y avait une borne ; il s'assit, et, la tête plongée dans ses doigts, il pleura.

Le ciel s'assombrissait ; au loin retentissaien de

sourds roulements ; de violentes rafales courbaient la cime des arbres, faisaient craquer les branches. Puis, tout à coup, un nuage creva et la pluie se mit à tomber très fort.

Sous l'averse, le vieux restait immobile. Ses haillons collaient sur sa peau, l'eau ruisselait aux pointes de sa barbe grise, le vent cravachait ses membres maigres. Que lui importait d'être là ou ailleurs, puisqu'il ne pouvait, à l'abri d'un toit, éviter la tempête.

Mais, comme il levait les yeux, un mur blanc lui apparut, à demi caché derrière des arbres. Le vieux comprit qu'il se trouvait près de la petite chapelle de Sainte-Anne, la bonne sainte si miséricordieuse et si puissante. Les hommes l'avaient repoussé ; à la madone il allait demander un refuge.

D'un coup d'épaule, le vagabond fit sauter la serrure et la demeure de la sainte s'offrit hospitalière. Il entra. Une lampe brûlait devant le tabernacle ; un vague parfum d'encens s'exhalait dans l'air. Le mendiant se laissa choir sur un prie-Dieu, et, grisé par le charme mystique répandu autour de lui, s'abandonna à une profonde rêverie.

*
* *

Quand le vieux sortit de sa méditation, l'orage avait cessé. Le soleil, traversant les vitraux bariolés d'images pieuses, irisait les dalles de la nef. A gauche de l'autel, la bonne Sainte-Anne resplendissait dans sa niche de pierre : un rayon la ceignait d'une large écharpe d'or, tandis que le reflet de sa couronne aux précieuses pierreries enveloppait son front d'une éblouissante auréole. L'homme restait émerveillé devant l'image de la divinité et contemplait avec recueillement cette variété de teintes indécises, d'où la pâle figure de la sainte émergeait dans un scintillement d'étoiles multicolores. Mais le soleil cessa un instant d'animer ce féerique tableau et l'homme ne songea plus qu'aux richesses qu'il avait devant lui. De l'enchantement il retomba dans la réalité. Il se vit toujours gueux devant ces ostensoirs d'or, ces coupes de vermeil ; il pensa que la robe de brocart de Sainte-Anne valait des milliers de francs et que sa couronne portait de vrais diamants. Devant tant de prodigalités sa misère lui semblait plus lourde. Ses mains câleuses soupesèrent les vases sacrés, palpèrent les étoffes brodées ; il n'eut pas conscience de la profanation. Un désir fou le mordait au cœur : il avait soif d'opulence.

Alors le mendiant dévêtit la sainte, prit les ornements de l'autel, arracha les moindres oripeaux, saccagea, pilla, et, sa besace gonflée par ce riche butin, il partit, laissant la bonne sainte toute nue, un peu honteuse dans sa niche de pierre.

EUGÈNE JOULLOT.

P. P. C.

———

Depuis longtemps une ombre épaisse était sur moi ;
J'avais depuis longtemps dû rester loin de toi.
Hier enfin, j'accours ; une porte s'entrouvre.
Dans un recueillement mon regard te découvre,
La tristesse s'éclaire et l'obscurité luit :
Tes grands yeux, tes yeux bleus se lèvent sur ma nuit.
Je te vois telle encor que tu m'es apparue
Dans ta robe vieil or sur ton fauteuil très bas,
Écoutant les lointains murmures de la rue,
Tenant un livre ouvert que tu ne lisais pas.
Je te vois onduleuse à demi-renversée
Sur la molle ottomane aux chatoyants coussins,
Tu semblais méditer quelque douce pensée
Et ton rêve jouait aux contours de tes seins.
L'air était embaumé d'un léger parfum d'ambre ;
Une lampe veillait qui laissait par la chambre
S'épandre la lumière à travers l'abat-jour ;
D'indécises lueurs flottaient, âmes songeuses,
Sur les tons automnaux des tentures soyeuses,
Et dans ce sanctuaire, et dans ce demi-jour

Le moelleux éclat de ton teint de créole,
Un marbre où le soleil a pétri l'auréole,
Aurorait doucement, aube de volupté,
Et c'était de ta chair qu'émanait la clarté.
Comme un laiteux albâtre où tamise une flamme,
Ton beau corps s'éclairait du songe de ton âme
Et ton buste enchassé dans le souple corset
Et ta hanche de femme et ta jambe de fée
A travers les replis de la jupe étoffée,
Toute ta nudité blonde transparaissait.
Oh ! je revois encor ta pose nonchalante,
Ton front penché sous sa couronne rutilante,
Sa royale couronne où scintillaient des feux,
Car tu portais ce soir un semis d'étincelles,
Une poussière d'or dans l'or de tes cheveux.
Sous tes longs cils baissés je revois tes prunelles
Prêtes à déborder de ces suaves pleurs
Qui, tombés de l'azur, s'appellent la rosée,
Et, tombés de tes yeux dans l'extase embrasée,
Sont perles sur ta joue ainsi que sur les fleurs.
Ta main droite pendait oisive, toute blanche,
Et le bras qui montait se perdre dans la manche,
Nu presque jusqu'au coude était éblouissant ;
Ta gauche reposait vers le livre étendue
Et sur ses doigts fluets de ce sinet vivant
Qui semblait à l'auteur dire d'un geste vague :
« L'amour parle, tais-toi », flamboyait une bague.
Cette bague... J'ai vu que tu m'allais mentir ;
Je compris tout d'un coup qui te l'avait donnée,
Et... mais vivez, madame, et soyez pardonnée :
Vous le tromperez bien. Vivez, j'ai pu partir.

EN BALLADE

Trotte, trottin, trottine
    Jupons troussés ;
Nargue de ta bottine
    Lutine
Les badauds émoussés.

Sur le Boulevard traîne
    Un bon gaga.
Il porte grosse chaîne,
    Bedaine ;
Tu passes : il tangua.

L'œil vaguant à la montre
    D'un magasin,
De l'autre il te démontre
    Sa montre :
C'est l'heure du cousin.

Tu souris, il démarre,
    Vire à ton vent ;
Comme un gros lougre amarre
    L'amarre
Et le voilà suivant.

A travers la cohue
    Des promeneurs,
Tu files ; il se rue.
    La rue
Est pleine de lueurs.

Tes petits pieds tricotent,
        Vifs, fripons, clairs ;
Rieurs, ils l'asticotent,
        Tapotent
Ses flatulentes chairs.

Sous la jupe il reluque
        Les blancs mollets,
Et là haut, sur ta nuque,
        L'ennuque,
Les petits poils follets.

Tu sais bien qu'il détaille
        Tes seins menus,
Ton joli ventre paille,
        Ta taille,
Comme s'ils étaient nus.

Tu sens chauffer son souffle
        Rauque au sortir ;
Tu trottes ; il s'essouffle ;
        Il souffle !
Ouf ! veux-tu ralentir ?

Ouiche : elle se trémousse
        Les reins cambrés,
Hoche sur sa frimousse
        La mousse
De ses cheveux ambrés.

Ses pieds, mignon sarcasme,
        Pressent le pas,
Et l'autre en est au spasme :
        Son asthme,
Son asthme ne va pas.

Il étouffe, il halète,
    Il n'en peut plus ;
Il ahanne, il s'arrête
    Tout bête,
Tantalisé, perclus.

Et, tandis qu'il s'éponge
    Piteusement,
L'espace se prolonge,
    S'allonge,
Considérablement.

Un instant la petite
    S'arrête au coin.
Il se reprécipite,
    Palpite,
Lui fait signe de loin.

Au bord de la chaussée,
    Près du ruisseau,
Sur ses pointes haussée,
    Dressée,
Avec des airs d'oiseau,

Elle épie, — Il s'avance
    A pas comptés,
Tout doucement balance
    Sa panse,
Tend ses doigts écartés,

Trépide qu'elle échappe ;
    Allonge un bras ;
Croit déjà qu'il l'attrape,
    La happe...
Elle ne l'attend pas.

D'un rire soulevée,
        En froufoutant,
Elle s'est esquivée,
        Sauvée.
Et, là-bas, falotant,

Son pied fantômatique
Qui fuit sur le trottoir,
Fait au vieil asthmatique
        La nique
Comme un feu follet noir.

NOCTURNE

Je la rencontrerai quelque vesprée, à l'heure
Où, dans l'ombre croissante, un frisson de prière
Vient de tout ce qui rêve et de tout ce qui pleure,
A cette heure pieuse où se voile la terre ;

Où, comme en une chère et lointaine demeure,
Sous l'infini s'allume un regard de lumière,
Et l'âme, épanouie au rayon qui l'effleure,
Exhale son parfum, l'amour, vers le mystère.

J'ignorerai d'abord qu'elle me soit venue.
Je croirai contempler quelqu'étoile inconnue
Eclairant un nouvel abîme, au fond des cieux ;

Mais elle penchera sa tête apitoyée,
Et, pâle, je verrai sa prunelle noyée :
Les larmes de mon cœur couleront de ses yeux.

HENRI VIARD.

AIMER

Or, ce soir-là, en passant dans la rue au retour d'une morne promenade, comme le grincement d'un violon m'attirait, que sur les vitres d'un café en grosses lettres noires s'étalait le mot *Concert*, et, parce que j'étais triste surtout, triste sans savoir pourquoi, sans oser descendre au fond de moi-même pour y ausculter ma pensée, mon cœur, craignant d'y trouver, avec un nom de femme, un amour toujours inassouvi, un regret, un désespoir, un doute, bien résolu à me distraire, à oublier, j'entrai.

La salle était à peu près pleine, silencieuse pourtant : peu de jeunes gens, des vieux à l'air indifférent, jouant aux cartes ; la-bas, tout au bout, sous la clarté douteuse des lampes embrumée déjà par la fumée des pipes, une femme assise, et, devant une estrade, l'homme continuant d'agacer son violon.

Tout de suite, je m'avançai et m'assis à quelques pas, sur la même banquette que cette femme que je dévisageai d'un coup d'œil.

Elle n'était plus jeune la chanteuse, ni belle, ni laide, très brune, les yeux noirs, le regard drôle, le nez droit, les lèvres saignantes sous le coup de pinceau récent, le visage très pâle; un ample manteau cachant les épaules lui remontait jusqu'au cou, ne laissait apercevoir d'elle que la tête, la nuque brune et touffue.

Mes regards se portèrent sur l'homme, il était vieux, tout gris, les paupières rougies, la figure enflée, petit, trapu, les épaules voûtées; vu de profil il eut paru ignoble, sans je ne sais quoi d'artiste aux longs cheveux crépus, un je ne sais quoi de passionné de l'art, qui lui faisait presser avec fièvre son violon rebelle contre lui.

Etait-il son père, son amant? N'importe; déjà, sans comprendre pourquoi, je ne le voulais pas savoir.

De nouveau je regardai la femme. Maintenant l'heure de chanter étant venue, elle dégraffait son manteau et l'une après l'autre, l'un après l'autre, sous le corsage noir largement échancré, splendides, veloutées, d'une blancheur de lait, m'apparurent les épaules, les bras, la naissance des seins.... puis, comme si elle eut deviné mon trouble, ma tristesse favorable à toutes les passions, pour achever de me prendre, de me damner (oh! elle avait bien deviné!) son regard noir, malade fixa le mien....

Alors, tout d'un coup, comme si quelque bandeau voilant mes yeux fut tombé je compris ce regard, je me compris moi-même.... eh! pauvre fou! contemplateur de nuages, ce qui me manquait, c'était l'amour vrai ou faux, l'amour parti avec *l'autre*, envolé bien loin pans le passé. C'était, cette vieille chose trainée avec moi pendant vingt ans, inutile, pesante à présent à ma virilité naissante. C'était, qui sait? la guérison aussi de mon cœur vierge, veuf cependant d'une malheureuse passion ; c'était la vengeance, l'oubli dans dans tous les cas, l'oubli d'une heure, d'une nuit.

Et un frémissement me prenait, à la contempler debout sur ces planches, grande, les hanches fortement accusées, les jambes devinées sous le rose léger de la jupe de soie, le bas noir entrevu tantôt, tandis qu'elle montait sur l'estrade.

Elle chantait, moi seul je l'écoutais peut-être, épiant les saccades de ses seins à chaque souffle, haletant avec elle, troublé quand, levant le bras, elle mettait à nu son aisselle rousse et blanche, fou puisque je la voulais et l'aurais, c'était certain, tout à l'heure, puisque mes lèvres assoiffées se promèneraient victorieuses sur sa peau satinée, mordraient avec fureur cette bouche impure qui semblait saigner du vrai sang ; tandis que, l'étreignant brutalement, enfiévré, je viderais mon cœur, ma tête, mon désespoir, mon amour, mes souvenirs dans ses bras, je me viderais jusqu'aux moëlles.

Serait-il difficile de l'avoir, avec un peu d'or glissé dans ses doigts, ne savais-je pas, tout inexpérimenté que je fus, que la femme s'achète ? n'avais-je pas écouté avec un dégoût disparu maintenant les histoires de mes amis ?

N'était-elle pas seule, libre enfin, malgré ce vieux ? serait-il gênant celui-là, ce pauvre vieux ataxique, aux paupières d'albinos ?

Alors, vite oublier l'offrande de tout à l'heure pour ne voir en elle que l'amante, quand nous serions seuls.

Aussi, comme sa chanson terminée, elle reprenait sa place près de moi, je m'approchai tout à fait, et, enhardi, faisant briller une pièce d'or dans ma main, ne trouvant qu'un seul mot à dire : « Veux-tu? fis-je, la gorge serrée... Veux-tu? répétai-je, d'autant plus passionné d'elle qu'un violent parfum, tout intime, grisant, se dégageait de ses seins, et qu'elle me regardait de son étrange regard de fille perverse et malade, un regard qui ne disait pas non et qui semblait brûler de la même ivresse malsaine que moi-même j'éprouvais....

PAUL MEISSONNIER.

*A Paul Dollfus, en appendice à l'une de ses pages les plus sérieu-
sement plaisantes, au* Chat Noir.

La Dernière au Philistin

Le frais livre de Zola : *Lourdes*, nous suggérera, *tempore bar-
baro acto,* nombre de réflexions et de commentaires anti-sep-
tiques. Ce serait, à l'heure qu'il est au cadran de la littérature
officielle, une inutile invite aux esprits, aux cœurs et aux es-
tomacs encore en possession de soi. Souvent, la *matière,* fût-
elle fécale, comme à maint poème (!) de ce gras valet des
concupiscences et des idéalités bourgeoises garanties par les
marges du Code, est au delà ou en deçà (et c'est même obs-
tacle) de *l'opus* dont on tâche de la trahir (1). Une remarque
simplette, toutefois nous semble opportune au *cas* récent du
grimaud grimé qui fourrage à tous cas redoublés (lourd de
groin et de pattes) et ne tire que de cette proie confuse sa
contestable subsistance. Sa plume, pressée de lucre et de com-
pléments hâtifs à son œuvre vile, pour les profits plus vils du
libraire, a réduit celui des roches Massabielle à un truc qui
nourrîrait la risée de plusieurs « portées » de Sarcey succubes...
au cube. Il y avait, dans le thème qu'annonçait ce titre sonore,
l'espace d'une analyse. Maître Zola, ses visées écarquillées à
l'extrême, y a trouvé le décor... suffisant d'une massive po-

---

(1) *Materiam superabat opus* (OVIDE).

chade d'amour ergoteur, pâture éventuelle du *Gymnase,* après
que Busnach aura suinté à la rompre, aux pipelets et aux ducs
d'écurie, en molécules de mélo. — Nous ne nous plaindrions
de ce millième quiproquo laborieux qu'au prix d'une pitié
coupable. Il nous plaît que les porte-faix de l'observation
privée de Dieu et dès lors de logique et de grammaire, nous
montrent, à la fin autant qu'au début de leur métier (impropre
à s'alléger du moindre soulas), la face perplexe du fort du Marais, en vantardise sous un fardeau excessif. — La stupéfac-
tion haletante que Zola, lui, ne cache guère de ses rangements
symétriques (envie de l'abbé Le Batteux dans sa tombe) nous
est de leçon facile à dilater. Nous déploierons, au jour révolu,
la joie ès minces philosophies... plutôt tristes qu'a ramassées
aux témoins muets de l'épilogue de la langue française, le
râle filé de ce non-style célèbre, justicier, à son inscient, de la
tourbe ointe de police qu'il exprime, sans l'occuper hélas,
jusque là qu'elle en crève !

MAURICE SCHILT DE MONTCLAR.

THÉATRES

THÉATRE DES LETTRES. — *Ils sont trop verts,* un acte par Gustave Scheler et P.-P. Plan. — *La Glissade,* trois actes en prose par Max Maurey et Augustin Thierry. — *Pour une Cause sainte,* un acte en prose par Georges Mitchell.

Nous mentionnons pour mémoire cette représentation déjà ancienne, parce que nous y fûmes invités ; elle ne se distingua en rien de celles des théâtres subventionnés.

THÉATRE DE L'ŒUVRE

Le programme de la saison 1894-95 annonce quatre reconstitutions anciennes :

1° *T'is pity she is a whore* (C'est dommage que ce soit une putain), grande pièce de Ford, contemporain de Shakespeare, et traduite pour l'Œuvre par Maeterlinck.

2° *Chariot de terre cuite,* un vieux drame indien, adaptation de M. Barrucand.

3° *Le Roi Lear,* de Shakespeare.

4° Le *Lorenzaccio* d'Alfred de Musset.

Toutes ces pièces seront jouées dans leur intégrité, tel qu'on représente les œuvres de Shakespeare à Munich, c'est-à-dire avec un double décor.

Au premier plan se trouve la première scène et au second plan la seconde scène séparée de la première par un rideau de fond qui s'ouvre chaque fois que l'action se passe soit dans un jardin, soit sur une place publique, etc.

Au programme sont également inscrites les pièces modernes suivantes : la *Vie Muette,* de Maurice Beaubourg ; la *Mort de Tintagiles*, de Maeterlinck ; *Phocas le Jardinier,* de Vielé-Griffin ; *Brand,* d'Ibsen ; *Dans le crime,* de Gueyerstan, dont la première aura lieu à Stockholm, et d'autres œuvres signées : Jean Lorrain, Etchegarray, Hérold, Léopold Lacour, etc.

Les causeries seront de MM. Marcel Schwob, Henri Becque, Wyzewa, Laurent Tailhade et George Vanor.

La troupe reste la même que l'année passée, avec Mlle Bady en tête, plus M. Paul Clerget et Mlle Val, premier prix du Conservatoire de Bruxelles.

THÉATRE DES MODERNES

On nous prie d'insérer la note suivante :

« La fondation du THÉATRE DES MODERNES, dont on a parlé différentes reprises cet hiver, est achevée aujourd'hui. L'ouverture aura lieu du 1er au 15 novembre. La saison se composera de cinq représentations d'œuvres inédites et de cinq conférences d'un genre absolument nouveau. De chaque représentation d'abonnements, il sera donné une série de représentations publiques. Au THÉATRE DES MODERNES seront adjoints des cours de déclamation et de chant, faits par des artistes des principaux théâtres de Paris. Ces cours, sous le nom de CONSERVATOIRE LIBRE DES MODERNES, seront dirigés par M. Prad, de l'Odéon. Le secrétariat général est confié à notre confrère du *Journal,* Georges Bans. Notre confrère Emile Straus, du *Paris-Joyeux,* est nommé archiviste. S'adresser pour abonnements, manuscrits, engagements, à M. LÉONARD RIVIÈRE, *directeur, 155, rue Montmartre.*

LES LIVRES

Le Baiser de Jean, par Antoine Sabatier (Girard). — La grande et somptueuse figure d'Hérodiade, la fastueuse et belle épouse d'Antipas est une de ces visions de l'histoire vers qui les artistes reviennent toujours puiser des sensations de vie et des mirages de beauté. Deux des plus hautes personnalités de la littérature de ce temps, Flaubert et M. Mallarmé, en ont donné de géniales conceptions. C'est pourquoi M. Sabatier nous pardonnera s'il ne nous a pas, après ces maîtres, procuré la sensation sublime d'une volupté nouvelle. Pourtant par l'effet de tels beaux vers et de luxueuses rimes, par le drame rapide et suivi qui se déroule autour du cadavre du Saint, il a, une fois de plus, affirmé la morbide influence dont cette Reine de luxure et de rêves, après des espaces millénaires, fascine encore les âmes névrosées de ce siècle.

Edmond Pilon.

Nuits d'Épiphanies, par André Fontainas (Edition du « Mercure de France »). — Ce que je préfère de M. Fontainas, je le dis sans aucune intention d'ironie, ce sont les titres de ses livres. Ils sont tous d'un attrait infini : *le Sang des Fleurs, les Vergers illusoires, Nuits d'Épiphanies, les Estuaires d'ombre.*

Je ne hais pas non plus ses vers. En voici parmi les plus prenants :

> ... les jeunes guerriers de là-bas
> Venus d'outre les monts où la joie est si forte
> Que la gaîté du fifre, ils ne la sentent pas....

> Le chant clair du soleil s'éveille au ciel lointain.

> Et l'ondoiement lascif des vagues sur le sable.

Les agréments de M. Fontainas sont féminins ou d'un enfant ; plutôt féminins : il a de la grâce et une extrême impressionnabilité. Ses vers, qui manquent presque toujours de ton, ne manquent jamais de charme. Je m'imagine très bien *Nuits d'Épiphanies* l'œuvre d'une charmante jeune femme, très amoureuse de M. de Régnier.

MAURICE CREMNITZ.

Rythmes et Rires, par l'Ouvreuse du Cirque d'Eté (Bibliothèque de la *Plume*).— MM. Henry Gautier-Villars et Willy ont fondé, avec le concours de l'Ouvreuse, une société très peu anonyme qui leur permet de produire au moins un article par jour et un volume par trimestre — sous des enseignes différentes. La maison n'est pas au coin du quai. On rend l'argent en calembours. Mais M. Grosclaude, lui, est décoré, décoré, décoré !

LOUIS LORMEL.

Soleil couchant, par JEAN VIOLLIS. — Prière d'amour joliment cadencée, en colloques puérils et tendres, éclosion d'une âme sans doute encore très jeune qui s'offre d'une façon un peu brève, mais délicieuse. Le nom de M. Jean Viollis est à retenir. Et puis ce court drame est dédié à M. Maeterlinck, ce qui est très pieux.

EDMOND PILON.

Propos de Littérature, par ALBERT MOCKEL (Librairie de l'Art Indépendant). — « Un genre de sport fut quelque

temps très en faveur dans les bons coins de la presse littéraire — peut-être l'est-il encore — Il consistait à accoler inva-
riablement les noms de MM. Henri de Régnier et Viélé-
Griffin jusqu'à donner l'illusion d'une sorte de meilhacalévy
poétique. » Et M. Albert Mockel, qui parle ainsi, n'est pas
pour changer cette tradition puisqu'en son très intéressant
ouvrage sur la poésie nouvelle il choisit comme exemples ces
deux poètes. Certes, nul mieux que M. Albert Mockel ne
pouvait établir ce parallèle. En examinant tour à tour la philosophie, la méthode, la forme préférées de chacun d'eux, il a
fait un livre que liront tous ceux qui s'intéressent encore à
l'expression de la Beauté. Mais, sans vouloir commenter toutes
ses considérations qui dénotent à la fois l'amour et la Science
de la Poésie, nous maintiendrons cette conclusion personnelle :
M. Viélé-Griffin est un bon poète ; M. de Régnier est un
grand poète.

Louis Lormel.

Saint Antoine affirme, par Henri Mazel (Girard). —
Des « affirmations d'art » de l'*Ermitage,* M. Henri Mazel vient
de recueillir les feuillets. Je n'ai, pour parler de ce livre, aucun
scrupule confraternel, puisque ladite revue n'a même pas cité
L'Art Littéraire, depuis qu'il existe.

Bref, Saint Antoine affirme, entre autres vérités :

1º Que l'artiste doit faire vivant, certes! mais artiste
d'abord. 2º Que toutt héâtre est dialogue, mais que tout dialogue
n'est pas théâtre. — Était-il bien nécessaire que Saint Antoine
affirmât ces choses? J'en doute. Mais il était bon de dire,
comme il le fait, notre mépris des politiciens et des cuistres
universitaires. *Bis repetita placent.*

Louis Lormel.

Reçu :

Presque les doigts aux clefs, par Paul Fort (Librairie de l'Art
Indépendant) ; *Les Minutes de Sable mémorial,* par Alfred Jarry
(Mercure de France) ; *Chants de la Pluie et du Soleil,* par
Hugues Rebell (A. Charles) ; *Le Théâtre et la Poésie,* par L.
Brémont (Triple Revue) ; *Savants Devis et joyeux Rythmes d'un
Buveur de Soleil,* par Marc Stéphane (Chez l'auteur).

NOTES ET ÉCHOS

Nous informons nos correspondants qui n'en auraient pas reçu l'avis que depuis le 1ᵉʳ septembre le siège de l'*Art Littéraire* est transféré rue de Seine, nº 56.

En présence de diverses considérations, nous avons résolu avant même qu'il fût clos, de ne pas donner suite au concours de prose annoncé dans notre dernier fascicule. Les sommes reçues ont donc été remboursées.

La Vierge à la Fontaine, roman sentimental, par M. Saint-Georges de Bouhélier, paraîtra prochainement. On peut souscrire chez l'auteur, 50, rue Rodier, à Paris. Tirage : 350 exemplaires. Prix : 2 fr. 50.

Un de nos lecteurs nous pose cette question : « A l'étalage de la librairie Vanier ne se voit aucune jeune revue. M. Vanier ne serait-il plus le *bibliopole des Symbolistes?* Mais alors... » Alors, on s'adresse à côté, chez Chaumont, 27, quai Saint-Michel.

ERRATUM : Dans le *Poème du Saxophone,* de M. Eugène Thébault, paru au dernier numéro, le dernier vers de la pièce intitulée *Synthèse* doit être ainsi rétabli :

Le lyrisme et l'ennui d'un fataliste faune.

NOUVEAUX CONFRÈRES : *Revue anecdotique des deux mondes,* hebdomadaire (110, boul. Saint-Germain). Directeur : A.-B.

de Liptay. — L'*Ymagier*, revue trimestrielle illustrée (9, rue de Varenne). Directeurs : Remy de Gourmont et Alfred Jarry. — L'*Idée Moderne,* revue bi-mensuelle (85, rue N.-D.-des Champs). Directeur : Nicole Chambellan ; secrétaire : Michel Chabance. — *Triple Revue* (ancienne *Revue Dramatique et Musicale),* bi-mensuelle (3, rue Corneille). Directeur : Jean Raphanel.

La *Revue Moderne* fusionne avec la *Revue de l'Est* qui paraît à Reims désormais. Administration parisienne : 155, rue Montmartre.

D'autre part, on annonce que l'*Ermitage* va subir une importante transformation. Cette revue deviendrait un magazine illustré.

Lire dans *Mercure de France,* un bel article de Mme B. de Courrière sur *César-Antechrist,* par Alfred Jarry.

Le Gérant : COURTOIS.

Paris. — Imp. C. Renaudie, 56, rue de Seine.

Essai sur la Passion

> Vous ferez donc le Bien et le
> Mal, selon les symptômes de votre
> passion...
>
> NAPOLÉON BONAPARTE (*Dialogue
> sur l'amour*).

I

La présence de l'Ame a donné lieu à bien des commentaires, depuis Aristote, lequel différencia l'opération des causes (Acte) de l'union effective de la cause et de la matière (entéléchie). Platon dit : « c'est un principe qui se meut »; Pythagore la partage; Leibnitz et Locke la résolvent en simples substances en incorporels atômes (monades); enfin Descartes la sépare essentiellement du corps. Celui-là, pensons-nous, a raison : le corps souffre de physiques douleurs, mais, à l'Ame seule appartiennent la Sensibilité, l'Entendement et la Volonté. De ces trois principes naît la Passion, résultante de leur syllogisme.

Nous croyons que la Passion est le but proposé, idéalement, à toute Ame ; nous croyons que c'est une expansion extérieure de cette Ame, une floraison vers la vie d'un enthousiasme latent, dont l'éclosion fait naître la faculté de créer, l'héroïsme de se sacrifier. L'Ame humaine ne doit pas être un simple souffle (*anima*), une simple flamme dont la consomption entretient la Vie, mais une part d'éternité et d'infini, une parcelle de mystère.

La Passion, dont l'adhérence en elle dépend de la volonté plus ou moins développée, doit être son but sublime, l'horizon de limpidité et de supériorité vers lequel tendent ses ailes blanches. Parfois elle choit, ses ailes se ternissent et la Passion ignoble souille l'Ame pure. Les Volontés, traduites par les gestes de la Vie, défaillent souvent jusqu'à pallier le but promis. Elle n'est plus digne alors de s'initier aux saints mystères, à la connaissance desquels devaient la préparer les Illusions et les Souffrances. Donc la grandeur d'une Passion dépend de l'antériorité des Actes et de la causalité des Moyens, car ce serait une antinomie absurde d'admettre une Passion sublime en fin d'actions viles. Elle deviendrait incompatible avec les événements qui la firent naître et ne serait plus. Une volupté spirituelle, au sens de la luxure idéale dont nous parlons, pour avoir une lueur d'existence, doit être corrélative aux faits qui la déterminent. Les nobles esprits et les grands cœurs, seuls, sont susceptibles de la sublime Passion : encore doivent-ils être philosophes très purs et poètes hautains. Lucrèce ne l'avait pas comprise, en savant qu'il fut et Virgile pensa : *Amor omnibus idem.*

Non, l'amour, face la plus expressive de la Passion,

n'est pas le même pour tous; il est, au contraire bien différencié. Pour les uns, cette Passion est la divinisation du phallus, comme aux processions égyptiaques du Trismégiste; pour les autres, c'est une contemplation (1) visuelle; les stoïciens la raillent sottement et leur austérité médiocre ne s'élève pas jusqu'à elle.

Quoi! tous seraient nés avec la même empreinte, avec la même supériorité et palpiteraient semblablement par une innéité absolue et prédestinée de la nature? Quelle erreur! L'appétence n'est pas similaire à tous les hommes et cette éventualité serait absurde, de vouloir assujettir les Êtres à des causes connexes donnant des résultats semblables? Le cerveau, lui, n'a pas l'unité voulue. Ce qu'il importe seulement de savoir, c'est que les phénomènes de la sensibilité sont le point de départ et restent l'élément principal de la Passion.

Par quelle voie? — La Sympathie.

II

L'hypocrisie est une fausse sympathie, une déviation mentale, à dessein, incitée par une conception honteuse de vouloir induire à de faux enthousiasmes.

La Passion (par augmentation préjorative) devient Amour, comme nous avons dit plus haut; mais les hypocrites, par une hyperbole sentimentale, exagèrent jusqu'à eux la sublimité de ces principes. Ils produisent

(1) L'interprétation du banquet de Platon a été dénaturée et, souvent, la doctrine du philosophe s'est écartée de la très pure conception dont on lui attribua l'idée. De même Épicure, dont la primitive morale semblait très haute et qui dévia absolument.

les égoïstes, dont le but à atteindre est une sorte d'hyperacuité passionnée, tellement raffinée qu'ils font d'eux-mêmes le microscome de la Vie et du Rêve, rien, en dehors de l'ellipsoïde ainsi fixé, n'est digne de leur regard. L'amour de soi devient l'Idée prépondérante de toutes les idées, la quintessence de ce que l'Ame peut contenir de Passion.

Ils se trompent beaucoup.

La figure de Narcisse les subjugue ; ils ne savent pas l'exciper et ils l'avilissent : ils en font un monstre d'onanisme.

Ils sont aussi méprisables que ceux qui font baser la Passion sur un principe néphrétique. Le Sacrifice, pour eux, est une impéritie ; ils ignorent qu'on grandit en s'offrant et que celui qui donne est plus noble que celui qui conserve. Leur microscome est mesquin et ils ont mal compris la grande parole de Pascal (1). De sa belle pudeur ils ont fait un suicide ; leur Ame est devenue le pendule isochrone qui vacille au vent monotone d'un désert triste, et, pour leur bouche aride, les sources héliconiennes n'auront pas de saveur parfumée.

Ils ne peuvent annihiler l'Ame, car elle est indéfectible et impondérable, mais il en restreignent l'essor et le sceptiscisme corrode, en eux, le peu de bonté qu'ils peuvent garder, aggravé encore par l'indifférence qu'ils apportent aux sympathies voisines. Ce n'est pas ainsi

---

(1) « ... L'homme n'aime pas à demeurer avec soi ; cependant il aime : il faut donc qu'il cherche ailleurs de quoi aimer. Il ne le peut trouver que dans la beauté, mais, comme il est, lui-même, la plus belle créature que Dieu ait jamais formée, il faut qu'il trouve dans soi-même le modèle de cette beauté qu'il cherche au dehors... »

qu'on récupère ses forces, loin de là, mais en les multipliant. Leur système est insidieux, opposite à la Beauté.

III

En les multipliant, disons-nous, car la quiddité idéale de la Passion, son expression la plus naturelle, c'est l'Expansion. Et l'expansion ne suppute pas les moyens, c'est un torrent limpide qui coule et qui déborde, passant clarifié dans tous les vases du Fleuve de Vie. Pour nous, le *summum* de la Passion est quand deux Ames peuvent s'apparier exactement par une connaissance psychique et un développement parallèle des mêmes désirs, supposant une parité innée en deux êtres, par suite d'une mystérieuse hyperesthésie dont le principe natif est en Dieu. Car Dieu (Logos de la philosophie platonicienne) par ubiquité, est un peu dans toute Ame. Il se manifeste dans celles qui sont les plus nobles et participe implicitement à la Passion. Autrement quelle force surérogatoire et quelle Volition inusitée jetteraient dans les bras l'un de l'autre deux êtres inconnus.

La nature de ces choses est si grande, et, en même temps si humble qu'elle ne dépend non plus de certaines antilogies mais d'un simple et candide parfum de passiflores d'été.

La sympathie comble la scission entre deux êtres; leurs Ames sont une, leur appétence la même; elle est le même miroir radiant dont les étincelles, par réflexion, par résorption mutuelle, alluma la Passion dans leurs Ames. Mais tout ceci ne naît pas toujours de l'élégant caducée aux équivoques marguerites vierges ; plus souvent c'est le fer lancéolé du Sacrifice qui en marque l'efflorescence.

Et il est des Crucifixions morales que l'Ame doit subir jusqu'au moment suprême où la Passante prédestinée appliquera jusqu'à la réflexion, sur le visage de Vie, le voile de la Pitié.

La Passion humaine est encore un reflet de la Passion divine ; le front cerclé d'épines saigne la sueur rouge dont il doit se faire une pourpre radieuse.

Pourtant la Passion — lénitive et passagère étincelle — ne peut pas durer, et de tangente d'amour, se résout à une asymptote de Sympathie, aboutissant à une douce quiétude de Souvenir.

Toute Passion suppose des souffrances ; mais par elles seules on se purifie. Celui qui possède l'altissime orgueil n'a que des Passions hautaines et pures, car il conserve l'amour-propre, et, pour lui, il est plus beau de se jeter éperdûment dans la mer immense et de boire l'étreinte des Sirènes que de se noyer dans sa propre image et que de baiser ses propres lèvres.

(du *Récit de Valérien.*)   EDMOND PILON.

COLOMBINE

Pierrot sorcier. Surtout fleuri de dentelle.
Pierrot aile-fleur. Pierrot Fleur-de-Pommier.
Pierrot parle. Sa voix d'Enjôleur est telle
Qu'un gazouil doux et féerique de ramiers.

— « Madame, — puisque vous êtes une fée —
faut-il que j'aille voler au vieux Klingsor,
pour vous faire une robe de Mondefée,
une tulipe — ou bien quelque autre trésor ?

» Vous faut-il un jasmin pour votre corsage,
une rose à votre cœur comme un rosier,
ou, pour encadrer la fraise du visage,
la collerette d'une fleur de fraisier ?

» Vous faut-il pour votre main de fantaisie
des gants de giroflée, et pour vos jolis
et chers pieds mignons — fleurant bon l'ambroisie —
des chausses de violettes de Marly ? » —

Pierrot se tait. Colombine mi-rieuse :
— « Monsieur Pierrot, — puisque vous êtes sorcier —
donnez moi donc une odeur mystérieuse,
plus que l'odeur du sainfoin — ou du rosier » —

Pierrot meurt. Pour embaumer mouchoir de soie
Colombine a pris son âme entre ses doigts.
Arlequin chantonne au loin des airs de joie :
Pierrot est mort — pauvre fleurette des bois.

Tristan Klingsor.

VIERGE

Le matin même déjà, tandis que le train roulait dans l'espace, les emportait à travers les campagnes perdues dans le voile indécis d'une aube naissante d'été, il avait voulu la posséder, l'avoir à lui tout de suite.

Elle s'était défendue avec de petits cris, des mines apeurées, toute sa force, et, près d'être vaincue, elle l'avait enfin raisonné, lui faisant entrevoir la possibilité de l'arrivée inopportune de quelqu'un dans leur wagon de première; très sage en disant cela, très chaste, bien qu'un peu grisée de la danse, du bruit de la fête, de la dernière coupe de champagne vidée d'un seul trait — angélique malgré une singulière flamme dans ses yeux noirs, qui peut-être était une ironie mais bien sa petite femme à lui, ne le voyait-il pas? Elle ne savait pas ces choses, elle; mais ils avaient tout le temps n'est-ce pas, puisqu'ils étaient mariés; alors pourquoi presser l'initiation? Et l'ayant leurré de ces douces protestations, lui ayant abandonné ses délicieuses lèvres, elle l'avait gagné, et lui, maladroit, la main brutale arrêtée, n'osant plus fourrager un peu partout, s'était contenté pour assouvir son besoin de mâle, de la serrer à la briser contre lui, elle toute mignonne, sur sa virile poitrine, de meurtrir ses lèvres sous les siennes...

Et maintenant la nuit venue enfin, après une de ces idiotes journées de voyage de noces, seuls, dans leur chambre banale d'hôtel, le même besoin impérieux qu'il avait encore ressenti, sans oser l'exprimer, le reprenait plus violent avec la certitude, cette fois, qu'il allait l'assouvir...

Déjà très vite, lasse aussi, mais bien maîtresse d'elle-même, sentant son bonheur à venir en jeu, des fautes peut-être dans son passé, prête pour la lutte, pendant que, lourdement, garçon pratique et sérieux avant tout, malgré sa légitime impatience, cherchant des choses introuvables, il ouvrait et fouillait les malles dans un coin, d'après l'ordre reçu, courbé, la tête enluminée, les veines saillantes sous l'effort, ne se rappelant pas, non, où ils avaient placé cela, gêné par son habit noir qu'il n'avait pas quitté, elle s'était rapidement mise au lit, et de là l'observait d'un énigmatique regard.

Las de ses vaines recherches, en ayant assez, étouffant mal un jurement de colère, il se déshabilla et tout de suite, la lutte, lutte ardente, sans merci, commença...

Ce fut long. La défense était habile, l'attaque brutale, mal dirigée. Ivre, fou soudainement à la tenir si près de lui, les yeux noyés, la gorge sèche, les bras enfiévrés, il luttait l'hercule, contre la toute mignonne, en poussant des cris rauques croyant l'avoir plus vite par des paroles d'amour, des phrases de tendresse qui ne voulaient pas sortir, et se maîtrisant en même temps, pour ne pas lui parler comme à une fille, lui dire, souvenirs d'anciennes débauches, les gros mots qu'il sentait venir, le désir si outré, si exacerbé qu'à la fin, brutal, comme il en avait assez de ses larmes, de ses supplications haletantes, craignant de tomber impuissant à ses côtés, ne voulant plus l'entendre dire d'une voix entrecoupée de sanglots : pourquoi désirer autre chose que les lèvres, le baiser si doux... il n'était pas raisonnable... que lui voulait-t-il, oh mon Dieu!... oubliant le rôle qu'il s'était promis de tenir envers la pauvre enfant, dans les rêves ébauchés en les longs jours de fiançailles et retrouvant sa vigueur, sous le spasme pressenti, il usa de toute sa force, la meurtrit, lui fit pousser un cri de souffrance parce qu'il lui avait fait mal, la posséda incomplètement, sans jouissance, et bien que vainqueur s'affaissa vaincu.

Mais tandis qu'il tombait comme une bête lasse, essouflé, anéanti, la face sur l'oreiller, un mystérieux sourire de triomphe, de pitié, vint fleurir les lèvres de la pseudo-vierge, sourire si mystérieux que personne n'aurait pu dire s'il s'adressait ou à l'homme, son mari détesté déjà, qui gisait auprès d'elle, ou à son premier amant, celui qui eut sa fleur, elle consentante, à quinze ans, sur un canapé du salon maternel — ou du second peut-être, qui la fit sienne, debout derrière une porte — ou du troisième enfin, qui, hardi dragon, d'un seul bras la soulevait pendant la danse, la prit palpitante, une matinée de printemps, comme le boute-selle sonnait le départ, et la posséda à deux pas de sa monture, sur son lourd manteau de cavalier...

Paul Meissonnier.

SONGERIE

O Souffle, Esprit, Démon, Force mystérieuse ;
Passant du ciel ; Fantôme Aëde de l'yeuse ;
Trouvère, qui, le soir, pleures dans les roseaux ;
Invisible Géant qui berces les oiseaux ;
Zéphyre au vol léger ; Tempête à l'aile ardente ;
Haleine et Tourbillon ; Voix douce, Voix stridente ;
Hier Alizé, demain Simoun ; ô Voyageur
Libre et prédestiné, violent et songeur ;
Fils du Soleil et de la Grande Nuit Polaire ;
Seigneur de l'Océan ; Despote tutélaire ;
Fléau de Dieu ; Semeur de vie au large vol ;
Ame de la nuée, Alchimiste du sol,
O Vent !
        Une Puissance est plus efficiente,
Plus étrange que toi, de même inconsciente.
Elle a tes chants, tes cris, tes gaîtés, tes fureurs.
Tu fais des ouragans, elle des empereurs.
Tu prosternes le chêne, un trône à sa voix croûle.
Tu fais tourbillonner la Mer ; elle la Foule.
Tantôt, comme un simoun, elle creuse des plis
De sable où les espoirs sombrent ensevelis ;
Tantôt, pareille à toi quand tu portes l'ondée,
Elle est grosse de rêve et lourde d'une idée.
Son aile en est plus redoutable aux nations.
O vent ! Les naufragés des révolutions
Sont comme les pêcheurs noyés dans les tempêtes,
Tu chasses le nuage au dessus de leurs têtes,
Ils meurent, mais là-bas le sol doit rajeunir.
Tel s'en va l'Idéal féconder l'avenir.
L'esprit humain, comme l'espace, a ses poussées :

Et c'est l'Opinion, ce souffle des pensées.

HENRI VIADR.

SCHÉMA.

Et les Anges...

---

*Et les anges chantaient au rêve berceur de la Reine,
veuve.*

Et, dit l'ombre de l'époux :

« Femme, à toi, je veux révéler un mystère d'immortalité, le mystère qui n'est qu'en toi, aveugle. Vois comme est fausse la conception de ceux qui par hasard retiennent la parole, de se croire humains. Et l'on vit encore sur la terre, et parmi toi, mon âme vit, que mon corps se déssèche et s'effeuille en la tombe. Mon corps, plus encore que naguère, se meut et, roulure, jouit des minutes absurdes. La parole seule lui manque. Dans la vie que tu crois, ainsi, le corps, par la fatalité, instinct et force suprême divers, engendré par l'ensemble de toutes choses, bouge et vibre. Maintenant, dans ce que tu dis être la mort, encore et toujours, la force et l'instinct suprême le meuvent et en jouent.

Naguère et désormais, nous sommes jouets de nous, de tous, des idéaux sombres et des folles servitudes, et comme toi, mais ailleurs, je vis, et comme moi, mais ailleurs tu vis.

Rêve, chère épouse, rêve que je suis toujours à toi, et que, si je ne t'appartiens plus apparemment, la suppléance est de ton valet ou de ton intendant, rêve, reine adulée, que je suis l'autre et que l'autre est moi, et chante encore ta chanson d'amour :

> Nous sommes amants, vivants,
> Chantant l'hymne des furies,
> Cachés, inconnus, ou sanglants
> De tristesse ou de vie. »

Et les anges chantaient.

II

Et les anges chantaient à la tombe du roi, mort.

Et dit la Reine éplorée :

« Il n'est plus rien de vous, cher époux, plus rien. Poussière, sable, dispersé aux coins éloignés de la Planète, je ne puis, moi, vous adorer, parce que je ne peux pas vous étreindre, ni vous embrasser, ni sentir de votre souffle l'amour enchaîné. Même, le sommeil pour vous se meurt. Le ciel qui nous bénissait vous ordonna la mort, l'annihilement total des sens, partant, du corps.

J'aime qui vous supplée, le valet, l'intendant, et vous n'êtes, poussière, sable, dispersé aux coins éloignés de la Planète, plus rien, plus rien, époux chéri, et je chante encore ma chanson d'amour :

> Il est mort, l'époux amant,
> Chantant l'hymne des furies,
> Mais j'aime, j'aime l'intendant,
> Pour un brin de ma vie. »

Et les anges chantaient.

III

Et les anges chantaient.

Et dit le Démon :

« Matériels comme bois, le fer, avec pour âme la **chair** et pour cœur le sang, avec, pour le cerveau, rien **que le** physique, que le palpable, de la cendre, hommes, **vous** restez puants. Vous croyez donc la pensée plus forte que votre corps et votre pensée est corps, rien que l'os et le sang et la chair, et votre moral est physique. La mort est encore la vie. De toute virile *impuissance*, émane l'*incertitude* des *instincts innés*, *insalubres*.

Que votre médiocre garde s'annihile du tout au souffle des vents et moi-même, force irréalisable, demeure nul, devers vos êtres déjetés, et pulvérisés, sans **verbe**.

O votre amour, *amour de soi*, qui n'est pas autre que votre besoin de manger et de boire, de dormir et de voir ! Vous ne vous soutiendrez point médiocres, **mais** grands ou petits, et vous n'êtes point grands, **point** petits, vous n'êtes pas, vous êtes rien. »

Et les anges chantaient.

IV

Et les anges chantaient au sommeil lourd de l'intendant, chéri de la Reine.

Et, dit une voix :

« Rustre, dors de ta fausse puissance, jouis d'une vie infâme de salarié, et sers les autres lâchement, **comme** lâchement ils t'ont fait servir.

Aime, bestial, par les sens et la bouche et les yeux et

ris des vivants que tu leurres; immonde, caresse et flatte qui te choie et croit t'aimer, et nargue les envieux, toi, méchant corrupteur, et corrompu. Vis du prurit, de la boue, de la marmelade et de la charogne et vis de ce qui te reste et de ce qu'on te laisse et chante ta chanson d'amour :

> Nous sommes amants vivants,
> Chantant l'hymne des furies,
> Cachés, inconnus ou sanglants,
> De tristesse ou de vie. »

Et les anges se turent.

Lucien Wahl.

LES VIERGES IDÉALES

Elles s'abritaient en une forêt vierge, sous des huttes de feuillages enluminées de fleurs vives. La nuit, des lampyres les éclairaient reflétés par le vernis des feuilles et elles dormaient sur des tapis de mousse sombre brochés de pétales odorants.

Onduleuses et souples, elles glissaient comme des apparitions à travers les lianes grimpeuses qui s'écartaient pour ne pas érailler le satin de leur épiderme. Sur la profondeur des fourrés et la rugosité des troncs, leurs roses silhouettes se détachaient en visions idéales.

Par les temps d'accalmie, lorsque la guerre et les fléaux se relâchaient, elles disposaient de quelque loisir.

Elles se promenaient enlacées en des poses harmonieuses, prenaient plaisir à secouer les arbrisseaux sauvages, frissonnantes sous la caresse des pétales qui neigeaient sur leurs corps nus. Accrochées d'une main à un rameau, elles se penchaient sur la limpidité de l'onde et souriaient à leur image reflétée en un encadrement de fleurs aux teintes douteuses.

Elles vivaient de fruits, de racines et beaucoup de liberté, d'air et d'eau pure.

Les vibrations de leurs rires faisaient danser joyeusement les feuilles ouvragées des chênes. En un gai clapotis, elles luttaient de blancheur avec les fleurs des nénuphars.

Le soir, quand les filets d'or du soleil filtraient obliquement à travers le feuillage, elles se groupaient sur la mousse en taches claires. Les cordes des guitares égrenaient des notes sautillantes et des théories déroulaient entre les arbres de merveilleuses guirlandes.

Une des sylphes, parfois, se détachait et, légère, faisait valoir par des poses alanguies, des glissements rythmés, le galbe impeccable de son corps.

Mais, dure était la besogne après la morsure des grands fléaux. Elles s'étaient donné pour mission le soulagement des miséreux.

Leur cœur, inestimable reliquaire de métal précieux, ne s'ouvrait jamais à des pensées étrangères à la Charité. Elles y puisaient des trésors toujours renaissants qu'elles déversaient en pluie de bienfaits sur tout ce qui souffre et se lamente.

Rien ne les rebutait. Les aigres rebuffades des chagrins irrémédiables, l'abjection des sordides misères, l'horreur des plaies hideuses ne pouvaient clore leur ineffable sourire, mettre sur leur chair un frisson de dégoût. Elles étaient si belles que le rayonnement de leur beauté était la jouissance des malheureux. Elles illuminaient les plus sombres réduits ; les déshérités, extasiés à leur apparition, oubliaient leurs maux et le souvenir de leur image calmait les plus lancinantes tortures.

Elles visitaient les maisons infestées, baisaient les malades sur leurs plaies et les conduisaient dans la forêt pour y jouir de douces visions.

Les mourants bénissaient celles qui rendaient doux leurs derniers instants et cette admiration bienheureuse lue en leurs yeux déjà ternis était la récompense des vierges idéales.

En un palais dont les voûtes, jour et nuit, retentissaient du bruit de ripailles joyeuses, vivaient les femmes grasses. Fleurs de désir, toutes nues, elles s'offraient en des poses de bacchantes à l'avidité des baisers à la fringalle des sens. Leurs enlacements sensuels, leurs morsures passionnées faisaient courir dans les moëlles des frissons de volupté jamais assouvie.

Elles erraient les seins dressés, les lèvres tendues et les hautes glaces des murs multipliaient à l'infini l'indécence et la matérialité de leur chair grasse.

Elles s'égayaient aux tintements et aux luisances des pièces d'or et elles adoraient les gerbes de filet de lumière que dardent les diamants. Sur un socle d'or, elles avaient érigé une statuette d'or autour de laquelle flottaient sans cesse des senteurs de benjoin et résonnait le bruit de chaînette des encensoirs. Elles étaient les vestales de l'or.

Le désespoir de l'humanité faisait leur joie.

Tandis que au grelottement des tambourins elles se trémoussaient en des danses lascives, elles ricanaient de l'affolement des hommes qui, derrière les vitres, l'œil émerillonné et les bras tendus, bramaient de désir. On s'écrasait sans pitié à la porte trop étroite du palais, les forts assommaient les faibles, marchaient sur leur cadavre et les femmes grasses exultaient à la vue de ces corps pantelants qui, en un dernier effort, cherchaient encore à les atteindre.

Elles semaient dans la contrée la haine et le meurtre, et venaient tourmenter de regrets les mourants.

Les parvenus étalaient publiquement leur triomphe et dague en main défendaient leur conquête.

Au dedans : le tintement des cristaux, la joie des rêves, les râles de volupté ; au dehors : les hurlements des assiégeants et les coups sourds de leur pioches.

Un jour, un vent d'insanité souffla sur le pays ; les pauvres diables s'avisèrent que les consolantes visions des vierges idéales étaient un leurre et que leur tour était venu enfin de prendre part aux réjouissances du palais. Tête baissée, secoués de rageuse envie, ils se jetèrent dans la mêlée, jouant implacablement des coudes.

Les vierges idéales, impuissantes à enrayer cette frénésie, voulurent au moins apporter aux vaincus leurs consolations. Mais ils leur crachaient des injures et, l'écume aux lèvres, les lapidaient, exaspérés de leur impuissance à parvenir aux femmes grasses. Les vierges s'acharnèrent et, le soir, nombreuses étaient celles qui manquaient à l'appel.

Même, on trouva que leur existence amolissait les courages pour la lutte et on les traqua. On les poursuivit sans trêve, on les massacra comme des bêtes malfaisantes.

Et lorsque la dernière eut exhalé son âme, des grappes de pendus enguirlandèrent la forêt de terreur ; d'un arbre à l'autre, il se tiraient la langue et se faisaient d'horribles grimaces comme des têtes de gargouilles.

F. DE LA GUÉRINIÈRE.

LE VIEUX SAULE

Sur le bord du lac diapré
Un vieux saule mélancolique,
Vieux comme un patriarche antique,
Se penche, tordu, délabré.

Son faîte, arrondi comme un dôme,
Courbé sous le poids des hivers,
Ses rameaux, de mousse couverts,
Lui donnent l'air d'un grand fantôme.

Comme en un magique miroir,
Paisible, le grand lac reflète
Son torse noueux de squelette,
Jetant sur l'onde un long trait noir.

Et, dans sa triste solitude,
Morne témoin du temps passé,
On voit, chaque jour plus cassé,
Le vieux saule à l'écorce rude.

Eugène Joullot.

THÉATRES

Théatre de L'Œuvre . — *Annabella*, drame en 4 actes de John
Ford, traduit par Maurice Maeterlinck. Conférence de Marcel
Schwob.

C'est par une pièce étrangère mais datant du XVIIe siècle
que M. Lugné-Poe a inauguré sa deuxième saison, dans la
salle du Nouveau-Théâtre. John Ford ne fut pas, à proprement
parler, le contemporain de Shakespeare ; sa première pièce
ne fut jouée qu'en 1613. Celle qui nous occupe est, selon M.
Maeterlinck, l'un de ses quatre chefs-d'œuvre ; ellle fait partie
d'une sorte de trilogie et date de 1633. Son vrai titre *'t is
pity she' s a whore*, fut jugé intraduisible. Peut-être eût-il
effrayé des gens? Le sujet de la pièce, c'est l'amour incestueux
de Giovanni et d'Annabella qui sont frère et sœur. Annabella
devient enceinte ; elle épouse le seigneur Soranzo qui apprend
toute la vérité et jure de tuer Giovanni. Mais celui-ci poi-
gnarde sa-sœur, dans une scène vraiment admirable. Le drame
se termine par une « tuerie rapide et furieuse. » Si *Annabella*
rappelle *Roméo et Juliette* on peut dire que Ford, avec moins
de génie que Shakespeare, a été plus audacieux. Rarement on
a parlé de l'inceste avec un esprit plus large. Un énorme
préjugé social est là vigoureusement attaqué. Félicitons les
interprètes et particulièrement M. Lugné-Poe (Giovanni) et

Mlle Bady (Annabella) dont le jeu grave et mystique ont tou
tefois un peu contrasté avec les rugissements de M. Damoye
(Soranzo).

Pour terminer annonçons que le théâtre de l'Œuvre donnera
cette année huit représentations etque les pièces seront choisies
dans la liste suivante : *Brand*, d'Ibsen ; — *La Mort de Tintagiles*, de Maurice Maeterlinck ; — *La Vie Muette*, de Maurice
Beaubourg ; — *Le roi Lear*, de Shakespeare ; — *Galeoto*, d'Etchegarray ; — *Le Chariot de terre cuite*, adaptation de Barrucand ; — *Lorenzaccio*, d'Alfred de Musset ; — *Le Songe du roi
Witlaw*, de Jean Lorrain ; — *Phocas le Jardinier.* de F. Vielé-
Griffin ; — *On ne joue pas avec le feu*, de Strindberg ; — *Flo-
riane et Persigant*, de A.-F. Hérold ; — *LesMorts aimés*, de Mme
Léopold Lacour ; — *Le Fumier*, de Saint-Pol-Roux.

L'inauguration du T**HÉATRE DES MODERNES** devant avoir
lieu dès que les travaux d'aménagement seront terminés, la
première audition du *Journal parlé* est remise au *Jeudi 6 Décembre*, jour de l'ouverture. Les spectacles de la première se-
maine seront ainsi composés : Vendredi, 7 Décembre, Répétition générale du 1er spectacle d'abonnement : *l'Aiguilleur*,
un acte de Claude Roland, et *l'Épousée*, 3 actes de Charles
de Rouvre ; Samedi, 8, Dimanche, 9, Lundi, 10, représentations publiques de ce spectacle ; Dimanche, 9, en matinée, le
Journal parlé ; Mardi, 11, 1re Soirée de la *Chanson Moderne*,
etc. Le deuxième spectacle d'abonnement qui sera donné le
17 Décembre se composera de : *Histoire de Chevalerie*, légende
en 4 Tableaux de Mme Louise Rousseau et de *Ceux qui souffrent*, 3 actes de L. Michaud d'Humiac ; pour le 3e spectacle,
dans les premiers jours de Janvier, *Les Anarchistes*, 3 actes,
d'Alcanter de Brahm et Claude Roland.

NEMO.

LES LIVRES

Fleurs Pâles, par JACQUES LE LORRAIN (Vanier). — Poésies écrites trop vite et décelant une préoccupation mauvaise d'entasser pièce sur pièce. Certainement de la jeunesse et une certaine chaleur, mais exprimées d'une façon si banale et avec si peu d'originalité que cela laisse très froid. Surtout avec des vers comme ceux-ci :

> Fi des hommes au cœur de daim (?)
> J'aurai du sang et de la vie
> L'absolu dédain...

> Ah ! si j'étais ministre, auteur ou chef de gare...

> Mais fermons donc le robinet,
> Il s'en va tout le bon vin de ma vie...

Pourquoi tout le livre n'est-il pas dans la note de cette pièce : *Musique,* qui est d'une douceur verlainienne ?

ED. PILON.

Contes et Légendes par PAUL GERMAIN (Mons : imprimerie Princelle.) — Un volume de nouvelles, écrites dans un style châtié et instituant un très remarquable effort vers la perfection de la *forme aristocratique.* M. Paul Germain ayant assez de talent pour supporter la critique, nous nous permettrons de regretter qu'il y ait, en ses nouvelles, un plus grand souci de décor que de psychologie. Cependant, des trouvailles à noter : « Les yeux ruisselant de lumière et le geste sabreur, il est venu, le Simple. » Et ceci, qui est simplement un beau vers : « Et soudain la lune eut comme un frisson. »

Certainement, M. Paul Germain est capable de faire œuvre de poète, d'écrire le volume de vers précieux et chargés d'idées.

Nous souhaitons vivement que notre confrère se mette à ce travail, s'il ne l'a déjà accompli : il est de ceux que l'on remarque et dont l'on se souvient.

EUG. THEBAULT.

Vers la Vie, par RICHARD LEDENT (Bénard, à Liège). — Les trois drames que M. Ledent a réunis sous le titre *Vers la Vie*, appartiennent aussi à cette littérature spéciale, plus rénovatrice que rénovée. M. Ledent donne trois drames en vers : scéniques, je ne crois pas ; ils sont trop écrits pour cela. C'est peut-être un peu trop la psychologie blafarde et conventionnelle de Maeterlinck ; le souci d'imprécision s'accuse en vérité plus qu'il ne convient à nos cervelles latines. Mais il y a dans les drames de M. Ledent une aptitude réelle au tragique. Ils plairont sûrement à ceux qui acceptent avec moins de préventions — de préjugés, si vous voulez — certaines esthétiques. Pour moi, je suis intraitable : je n'admets pas que l'alexandrin se décarcasse, et j'ai la joie de constater que M. Mallarmé et M. Ghil restent fidèles tous deux à la tradition du *grand vers.* Et sincèrement, je regrette que mon parti pris m'empêche, sinon de goûter certains détails de *Vers la Vie,* du moins d'en louer comme il conviendrait la véritable originalité.

EUG. THEBAULT.

...presque les doigts aux clefs, par PAUL FORT (Librairie de l'Art Indépendant), accuse un vrai progrès en tant que souplesse de métier sur ses opuscules précités outre encore le naïf brisement (erreur) pleuré d'un style exprès au sanglot plus cillant, trop flatteur, qui ne me plaît pas toujours, et à cause d'une impatience chaude à bien faire beaucoup de revers maladroits. Une telle réserve conclue le régime prosaïque ainsi nommé dévoile son très beau sentiment de l'existence meuble et ardente extérieurement à la beauté réflexe des camps retranchés et hivernaux, où il délaisse passant son chemin qui rondement prête l'oreille, affété — grave ou souriant uniment et souvent doué de raccourcis devins et divins à savoir :

« Quitte Pulcinella, mon homme, écossez ses grelots d'argent et jetez les pois aux oiseaux, c'est l'âge du cirque, mon homme... » à ces éclats dans ma poitrine de ta règle brisée sur mon cœur... (Ah ! tes prospectus, ah ! les bons congés, vieille Mort fardée...) tandis que sous les grands chênes verts, dans la mi-ombre, sur les mousses, luiront comme un ciel infini les signes pourpres de nos yeux... Ma mère, ensevelis de tes mains tout le jeune homme charmant que tu me fis...

L.-P. Fargue.

Chants de la Pluie et du Soleil, par Hugues Rebell (Librairie Charles.). — J'ai peur de dire, avec trop de partialité, ce que je pense de ce livre. Vraiment il est très beau, mais il ne me *plaît* pas. M. Rebell est l'iconoclaste de mes dieux et l'adversaire de mes convictions. Une seule chose lui alloue, essentiellement, notre estime : sa foi ardente en la Beauté. Il la défend sans contrainte bien que ce soit avec des armes étranges. Car M. Rebell est un sensuel. Il ne faut pas l'en blâmer : l'art antique — si beau — sous une sévérité apparente fut fort voluptueux, mais ici cette sensualité domine absolument sans se préoccuper de l'Idée métaphysique ou du principe supérieur qui doivent planer au dessus du sexe. Une jupe à retrousser l'occupe énormément et la misère des pauvres lui répugne, comme la pâleur des tristes. Il est des angoisses mesquines et des luttes secrètes qu'il n'a jamais dû connaître pour parler ainsi ; nous souhaitons à M. Rebell qu'il ne les sache jamais : c'est une rude école. Une bonne fée — sans doute — à sa naissance lui octroya tout ce qu'il faut pour vivre indépendant et livré à son seul rêve : il ne doit pas abuser de cet avantage. A part ces quelques divergences — personnelles d'ailleurs, le style impeccable de M Rebell nous a charmé et nous a donné cette très rare jouissance de la Force contem-plée. Si parfois il se souvient des quelques prosaïsmes de Walt-Whitman *(A une locomotive)* il rappelle par contre la pureté douce de Keats. Une louable parité l'attire vers Jean Moréas. M. Moréas est un des bons poètes de ce temps et celui qui dans ces *Chants de la Pluie et du Soleil* fait surgir si splen-didement nûe de la mer féconde Vénus Anadiomène, celui-là est plus apte que quiconque à comprendre cet hellène et à sai-sir les nuances de celui qui — s'il fut archaïque — ne se ferma pas entièrement aux voix naturelles de la vie et aux chants très modestes des pâtres près des sources jonchées d'asphodèles. M. Rebell doit exagérer — par dillettantisme logique à ses principes — son insousiance. Que ne laisse-t-il toujours son cœur souffrir simplement, sincèrement, comme il fit une fois sur la *Jolie Morte?* Le rhythme suave de cette pièce et de plusieurs autres nous a retenu longtemps. Quelques-unes des pages où l'auteur oublie tout à fait les préoccupations étran-gères à l'art, ont l'exquise fraîcheur d'un bouquet de violettes qu'une amoureuse aurait tressé et cela lui fait pardonner sa violence envers « les hommes » qu'on a élévé « pour la mé-lancolie et qui ont arboré le chagrin avec orgueil. » Pour nous tous, cela. Mais qu'importe, il y a, en ce blâme, de la franchise et c'est immense. L'adversaire est loyal et presque frère en ce sens que par la réalisation littéraire de l'œuvre il aide à combattre les lourdauds plaisants des écoles caduques; et l'ar-tiste est digne qui, par le dédain, prévaut sur la vulgarité des êtres et la banalité des choses.

ED. PILON.

Reçu :

Il Libro delle Figurazioni Ideali, par Gian Pietro Lucini (C. Chiesa et F. Guindani, à Milan); *Le Château Singulier,* par Remy de Gourmont (Édition du *Mercure de France);* *Fleurs d'Ogive,* par Édouard Michaud (Bibliothèque des Modernes); *La Mouche des Croches,* par Willy (Fischbacher); *Faunesses et Bacchantes,* par Adolphe Boschot (Lacomblez, à Bruxelles).

NOTES ET ÉCHOS

A partir du 1er Janvier 1895, *l'Art Littéraire*, paraîtra comme par le passé en fascicules-doubles de 32 pages mais au prix de 30 centimes pour la France et 40 centimes pour l'Étranger. Le prix des abonnements, étant très réduit, ne sera pas modifié.

De plus, toujours désireux d'être agréable à nos lecteurs, nous ouvrons dès maintenant un concours absolument gratuit qui aura pour objet de trouver, dans le présent numéro de notre revue, la ligne qui contient le plus grand nombre de « coquilles » et de nous les signaler avec précision. Ce concours sera clos le 1er février 1895. Nos collaborateurs ne pourront y prendre part.

1er PRIX : vingt francs en espèces.

2e PRIX : un abonnement d'un à *l'Art Littéraire*.

Il suffit, pour prendre part au concours, de découper le Bon-prime de notre couverture et de le coller sur la lettre à nous adressée, en indiquant son nom et son domicile. Les prix du concours seront augmentés en raison du nombre des lettres reçues.

Nous avons reçu la lettre suivante :

Monsieur Louis Lormel,

rédacteur en chef de l'*Art Littéraire*.

Dans le dernier numéro de votre revue, un entrefilet au vinaigre me vise personnellement ; permettez-moi de répondre à votre lecteur, qui se plaint de ne plus voir, comme autrefois, les jeunes revues littéraires à mes vitrines, qu'il a mal regardé, car il y en a toujours, sinon toutes, du moins quelques unes : " *Le Rêve et l'Idée* ", " *La Revue Blanche* ", celles enfin qui portent mon nom de dépositaire et qui ne font pas le commerce des livres, incompatible, selon moi, avec le but littéraire et artistique tenté.

Depuis dix ans, en ai-je aidé de ces revues littéraires qui ont, pour toute reconnaissance, toujours essayé de me supprimer, sans y réussir toutefois.

Toute revue qui porte mon nom de dépositaire a droit à une place évidente à mes étalages, échange de bons procédés naturellement, celles-ci reçoivent plus volontiers les livres nouveaux de *Bibliophole des Symbolistes et des Décadents*, toujours en tête du mouvement littéraire avancé.

Il serait intelligent de comprendre que nous avons intérêt à nous soutenir et non à nous tirailler, à la grande joie de la grosse presse, des gros éditeurs et des grosses réputations littéraires que nos petits succès parfois inquiètent.

L'Art Littéraire connaît maintenant mes conditions et sa boutade me flatte plus qu'elle ne m'est désagréable. A vous qui tenez une plume : la Gloire, à moi qui tiens un comptoir : la vente. Et tout ira mieux dans le monde des revues.

Agréez, monsieur le rédacteur, mes meilleures salutations

VANIER.

PUBLICATIONS NOUVELLES : *La Quinzaine,* revue catholique bi-mensuelle (62, rue de Miromesnil). Directeur : Paul Harel. — Cette revue, qui prend place parmi les plus importantes, offre dans ses premiers numéros des œuvres inédites signées : Barbey d'Aurevilly, Maurice de Guérin, Paul Bourget, Pol Demade, etc., avec une délicieuse mélodie de Benjamin Godard sur des vers de Paul Harel. C'est dire qu'elle est aussi parmi les plus intéressantes.

M. Charles Grolleau, 56, rue du Mont-Cenis, demande l'adresse de M. Marco del Medigo.

Pour paraître à la Bibliothèque de l'*Idée Moderne* (85, rue N.-D.-des-Champs) : *Harmonies en soi,* par Michel Chabance ; *Bréviaire d'Amour de Celle qui demeure,* par Michel Adrien ; *Folies de la Mort,* par Isolde (Nicole Chambellan).

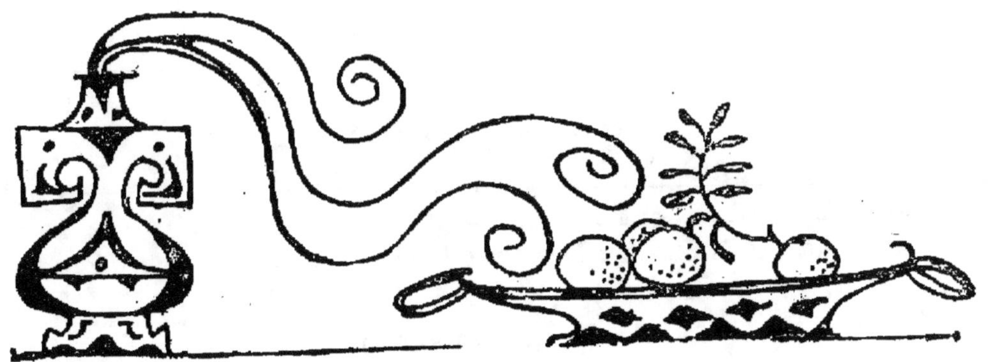

TABLE DES MATIÈRES

pour 1894

(1) Les titres de poésies sont imprimés en *italique*.

Stéphane Mallarmé

Paul Meissonnier

Albert Mockel

Nemo

Edmond Pilon

André Rémont

Saint-Pol-Roux

Maurice Schilt

Eugène Thebault

Pierre Valin

Henri Viard

Lucien Wahl

Les Livres, par Maurice Cremnitz, L.-P. Fargue, René Ghil, Alfred Jarry, Louis Lormel, Edmond Pilon, Eugène Thebault.

Notes et Échos, par L.-P. Fargue, Alfred Jarry, Louis Lormel.

Dessins d'Émile Bernard et Remy de Gourmont.

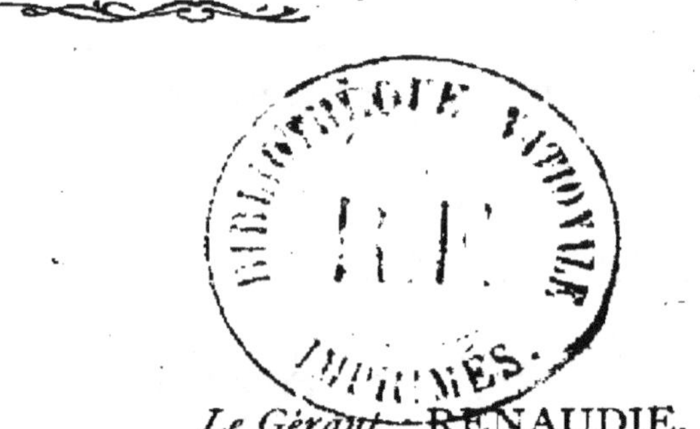

Le Gérant : RENAUDIE.

Paris. — Imp. C. Renaudie, 56, rue de Seine.

L'ART LITTÉRAIRE

Revue mensuelle d'Art et de Criti[que]

RÉDACTEUR EN CHEF : LOUIS LORMEL

Notre revue, indépendante de tout parti [pris]
comme de toute école littéraire, fait appel à [tous]
jeunes écrivains, qui restent seuls responsables de [leurs]
opinions.

L'ART LITTÉRAIRE ne publie rien que d'inédit. L[es ma]
nuscrits ne sont pas rendus.

Comme tout périodique similaire qui veu[t]
L'ART LITTÉRAIRE est publié en participation. L[es parts]
sont souscrites par toute personne, moyen[nant]
cotisation *mensuelle* de 6 francs. Le premier [versement]
est doublé.

Toute personne qui, en souscrivant, offre sa co[llabora]
tion doit être agréée par le Comité de rédac[tion à la]
majorité des voix.

———

ABONNEMENTS

France, un an.... 2 fr. 50 | Union postale, un an [...]

Les abonnements partent de tout numéro. Ils ne [peuvent]
être payés en timbres-poste.

———

L'ART LITTÉRAIRE est en vente :

A Paris, dans les principales librairies, notam[ment]
Librairie de l'Art Indépendant, 11, rue de [la Chaussée]
d'Antin ; Brasseur, galerie de l'Odéon.

Dans les gares de Paris et dans les princi[pales]
Départements. (Dans toute gare, le Bibliothécaire l[e fournit]
sur demande).

Paris. — Impr. A. Reiff, 5, rue du Four.

Nouvelle Série — Nᵒˢ 3 & 4.   Mars-Avril 1894.
TROISIÈME ANNÉE.

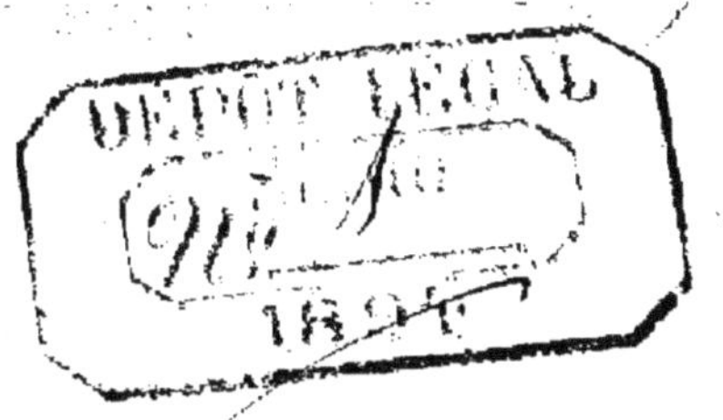

L'ART LITTÉRAIRE

REVUE MENSUELLE

SOMMAIRE

Prix : 50 centimes.

Adresser toutes les communications au Directeur :

3, RUE DU FOUR-SAINT-GERMAIN, 3

Dépôt général chez **GAGNÉ et BOULINIER, 19, boul. Saint-Michel**
PARIS

L'ART LITTÉRAIRE
Revue mensuelle d'Art et de Critique

Rédacteur en Chef : Louis Lormel

Notre revue, indépendante de tout parti politique comme de toute école littéraire, fait appel à tous les jeunes écrivains, qui restent seuls responsables de leurs opinions.

L'Art Littéraire ne publie rien que d'inédit. Les manuscrits ne sont pas rendus.

Comme tout périodique similaire qui veut durer, L'Art Littéraire est publié en participation. Les parts sont souscrites par toute personne, moyennant une cotisation *mensuelle* de 3 francs. Le premier versement est doublé.

Toute personne qui, en souscrivant, offre sa collaboration doit être agréée par le Comité de rédaction, à la majorité des voix.

ABONNEMENTS

France, un an... **2 fr. 50** | Union postale, un an... **3 fr.**

Les abonnements partent de tout numéro. Ils ne peuvent être payés en timbres-poste.

L'Art Littéraire est en vente :

A Paris, dans les principales librairies, notamment :
Librairie de l'Art Indépendant, 11, rue de la Chaussée-d'Antin ; Brasseur, galerie de l'Odéon ; Gagné, 19, boul. St-Michel ; Chaumont, 27, quai St Michel ; Paul Sevin, 8, bd des Italiens ; Briquet, 40, bd. Haussmann.

Dans les gares de Paris et dans les principales gares des Départements. (Dans toute gare, le Bibliothécaire le fait venir sur demande).

Paris. — Impr. A. Reiff, 3, rue du Four.

Nouvelle Série — Nᵒˢ 5 & 6.

TROISIÈME ANNÉE.

Mai-Juin 1894.

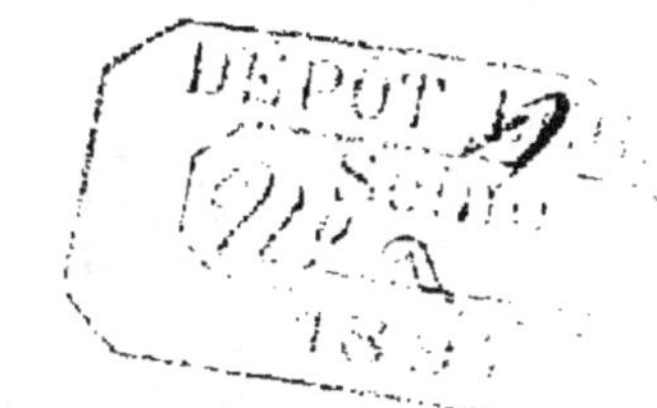

L'ART LITTÉRAIRE

REVUE MENSUELLE

SOMMAIRE

Prix : 50 centimes.

Adresser toutes les communications au Directeur :

3, RUE DU FOUR-SAINT-GERMAIN, 3

Dépôt général à la Librairie du Mercure de France, 15, rue de l'Echaudé
PARIS

L'ART LITTÉRAIRE
Revue mensuelle d'Art et de Critique

Rédacteur en Chef: Louis Lormel

Notre revue, indépendante de tout parti politique comme de toute école littéraire, fait appel à tous les ejunes écrivains, qui restent seuls responsables de leurs opinions.

L'Art Littéraire ne publie rien que d'inédit. Les manuscrits ne sont pas rendus.

L'Art Littéraire a publié, jusqu'à ce jour, des œuvres inédites de :

Emile Bernard, François Coulon, Maurice Cremnitz, Léon-Paul Fargue, André Fontainas, René Ghil, André Gide, Remy de Gourmont, Alfred Jarry, Gustave Kahn, Louis Lormel, Stéphane Mallarmé, Camille Mauclair, Henri Mazel, Albert Mockel, Charles Morice, Edmond Pilon, Henri de Régnier, Saint-Pol-Roux, Eugène Thebault, Pierre Valin, etc...

ABONNEMENTS

France, un an.... **2 fr. 50** | Union postale, un an... **3 fr.**

Les abonnements partent de tout numéro. Ils ne peuvent être payés en timbres-poste.

L'Art Littéraire est en vente :

A Paris, dans les principales librairies, notamment :

Librairie de l'Art Indépendant, 11, rue de la Chaussée-d'Antin ; Brasseur, galerie de l'Odéon ; Gagné, 19, boul. St-Michel ; Chaumont, 27, quai St-Michel ; Paul Sevin, 8, bd. des Italiens ; Briquet, 40, bd. Haussmann.

Dans les gares de Paris et dans les principales gares des Départements. (Dans toute gare, le Bibliothécaire le fait venir sur demande).

A Bruxelles: Rozez, 81, rue de la Madeleine ; Istace, galerie du Roi ; guichet de la *Chronique*, galerie du Roi ; Jérôme, galerie de la Reine.

Paris. — Impr. A. Reiff, 3, rue du Four.

Nouvelle Série — N°s 7 & 8. Juillet-Août 1894.
TROISIÈME ANNÉE.

L'ART LITTÉRAIRE

REVUE MENSUELLE

SOMMAIRE

Prix : 50 centimes.

Adresser toutes les communications au Directeur :

3, RUE DU FOUR-SAINT-GERMAIN, 3

Dépôt général à la Librairie du Mercure de France, 15, rue de l'Echaudé
PARIS

REVUES & JOURNAUX

Paris. — *L'Ermitage*, 26, rue de Varenne. — *Essais d'Art Libre*, 8, rue Jacquier. — *Mercure de France*, 15, rue de l'Échaudé. — *L'Idée Libre*. 10 rue N.-D.-de-Lorette. — *L'Art et la Vie*, 50, bd St Michel — *L'Annonciation*, 50, rue Rodier. — *Thélème*, 6, rue des Coutures-St-Gervais.

Départements. — *Pages d'Art*, 6, rue Deville (Toulouse). — *Les Ibis*, 28, rue des Flageots (Beauvais). — *Le Rêve et l'Idée*, 10, rue des Tennerolles (Saint-Cloud). — *La Syrinx*, 25, rue Lacépède (Aix-en-Provence).

Étranger. — *Le Mouvement Intellectuel*, 13, rue Rembrandt (Bruxelles). — *Le Réveil*, 71, rue Neuve-Saint-Pierre (Gand). — *La Nervie*, à la Louvière (Belgique). — *Le Libre Journal*. 22, rue Rogier (Mons). — *Stella*, 38, rue Vautier (Bruxelles) — *Pages littéraires*. 26, boulevard de Plainpalais (Genève).

EURYALTHÈS

Drame en trois actes

par FRANÇOIS COULON

Prix : **3 fr. 50**

(Envoi franco contre mandat ou timbres-poste.)

Le **Courrier de la Presse**, fondé en 1889, 21, Boulevard Montmartre, à Paris, par M. Gallois, a pour objet de recueillir et de communiquer aux intéressés les extraits de tous les Journaux du monde sur n'importe quel sujet.

Voir les conditions de notre

CONCOURS DE PROSE

aux NOTES & ÉCHOS

L'ART LITTÉRAIRE

(Première série — 13 Numéros)

La collection complète de *L'Art Littéraire* (première série), presque épuisée, est envoyée *franco* sur demande accompagnée d'un mandat-poste de 6 francs.

Ont collaboré à cette première série : Stéphane Mallarmé, Remy de Gourmont, Henri de Régnier, Saint-Pol-Roux, Charles Morice, René Ghil, Camille Mauclair, André Gide, etc.

Illustrations par Emile Bernard, Maurice Denis, Alexandre Séon, Fabien Launay.

PETIT MARCHÉ DES LIVRES

Les œuvres à vendre sont expédiées *franco* contre mandats ou bons de poste.

ON DÉSIRE VENDRE :

PAUL VERLAINE. — *Amour* (Prem. éd.) 5 fr. — *Liturgies intimes* (prem. éd.) 6 fr. — Le même, éd. de luxe, avec portrait, 12 francs.

PAUL BONNETAIN. — *Le nommé Perreux* (prem. éd.) 5 fr.

REMY DE GOURMONT. — *Sixtine* (prem. éd.) 5 fr.

TRISTAN CORBIÈRE — *Les Amours jaunes* (prem. éd., 1891) 6 fr.

EMILE ZOLA — *Edouard Manet* (épuisé), portrait par Bracquemond, eau-forte d'Ed. Manet d'après *Olympia*, 10 fr.

ALFRED DE MUSSET. — *Premières poésies*, avec eau-forte, sur holl., 3 fr.

La Revue Indépendante (Félix Fénéon), 9 numéros sur 13 parus, 8 fr.

La Revue Indépendante (nouv. série), 50 numéros dont les 44 premiers (comprenant collection Dujardin non coupée), 45 fr.

La Revue Contemporaine, collection complète, 15 fr.

L'Ermitage, année 1893, 7 fr.

La Plume, 20 numéros dont plusieurs sont épuisés, 10 fr.

Le Décadent (journal), 14 numéros (14 et 23 à 35), 7 fr.

Lutèce (journal), 34 numéros, 10 fr.

Entretiens politiques et littéraires, 15 numéros, 7 fr.

ON DÉSIRE ACHETER :

MAURICE BARRÈS. — *Les Taches d'Encre*, n° 3.

VILLIERS DE L'ISLE ADAM. — *L'Eve future, Tribulat Bonhomet*.

L'ART LITTÉRAIRE
Revue mensuelle d'Art et de Critique.

RÉDACTEUR EN CHEF: LOUIS LORMEL

Notre revue, indépendante de tout parti politique comme de toute école littéraire, fait appel à tous les jeunes écrivains, qui restent seuls responsables de leurs opinions.

L'ART LITTÉRAIRE ne publie rien que d'inédit. Les manuscrits ne sont pas rendus.

L'ART LITTÉRAIRE a publié, jusqu'à ce jour, des œuvres inédites de :

Emile BERNARD, François COULON, Maurice CREMNITZ, Léon-Paul FARGUE, André FONTAINAS, René GHIL, André GIDE, Remy de GOURMONT, Alfred JARRY, Gustave KAHN, Tristan KLINGSOR, Louis LORMEL, Stéphane MALLARMÉ, Camille MAUCLAIR, Henri MAZEL, Albert MOCKEL, Charles MORICE, Edmond PILON, Henri de RÉGNIER, André RÉMONT, SAINT-POL-ROUX, Eugène THÉBAULT, Pierre VALIN, etc...

ABONNEMENTS

France, un an.... **2 fr. 50** | Union postale, un an.. **3 fr.**

Les abonnements partent de tout numéro. Ils ne peuvent être payés en timbres-poste étrangers.

Les numéros parus de la nouvelle série sont vendus 1 franc l'exemplaire.

L'ART LITTÉRAIRE est en vente :

A Paris, dans les principales librairies, notamment :

Librairie du Mercure de France, 15, rue de l'Echaudé-Saint-Germain ; Librairie de l'Art Indépendant, 11, rue de la Chaussée d'Antin ; Brasseur, galerie de l'Odéon ; Gagné, 19, boul. St-Michel ; Chaumont, 27, quai St-Michel ; Paul Sevin, 8, bd. des Italiens ; Librairie Nouvelle, 15, bd. des Italiens ; Dentu, 36 bis, avenue de l'Opéra ; Kiosque 297, pl. St-Germain-des-Prés.

Dans les gares de Paris et dans les principales gares des Départements. (Dans toute gare, le Bibliothécaire le fait venir sur demande).

A Bruxelles: chez Istace, galerie du Roi ; et dans les librairies d'art.

Paris. — Impr. A. Reiff, 3, rue du Four.

Nouvelle Série — N°ˢ 9 & 10.   Septembre–Octobre 1894.
TROISIÈME ANNÉE

L'ART LITTÉRAIRE

REVUE MENSUELLE

SOMMAIRE

Prix : 50 centimes.

Adresser toutes les communications au Directeur :
56, Rue de Seine, 56
Dépôt général chez Gagné et Boulinier, 19 boul. Saint-Michel,
PARIS

REVUES ET JOURNAUX

PARIS. — *L'Ermitage*, 26, rue de Varenne. — *Mercure de France*, rue de l'Echaudé. — *L'Idée libre*, 10, rue N.-D.-de-Lorette. — *L'Art et la Vie*, 50, bd St-Michel. — *L'Annonciation*, 50, rue Rodier. — *Thélème*, 6, rue des Coûtures St-Gervais.— *L'Idée moderne*, 85, rue Notre-Dame-des-Champs. *L'Ymagier*, 9, rue de Varenne.

DÉPARTEMENTS. — *Pages d'Art*, 6, rue Deville (Toulouse) — *Les Ibis*, 25, rue des Flageots (Beauvais). — *Le Rêve et l'Idée*, 10, rue des Tennerolles (Saint-Cloud). — *La Sirynx*, 25, rue Lacépède (Aix-en-Provence).

ÉTRANGER. — *Le Mouvement Intellectuel*, 13, rue Rembrandt (Bruxelles). — *Le Réveil*, 306, rue Saint-Liévin (Gand).— *La Nervie*, à La Louvière (Belgique).— *Le Libre Journal*, 21, rue Rogier (Mons). — *Stella*, 18, rue Vautier (Bruxelles). — *Pages littéraires*, 25, boulevard de Plainpalais (Genève).

PETIT MARCHÉ DES LIVRES

Les œuvres à vendre sont expédiées *franco* contre mandats ou bons de poste. — Insertions gratuites.

ON DÉSIRE VENDRE :

LUCIEN DESCAVES. — *Sous-Offs*, éd. complète, 2 fr. 75.

PAUL VERLAINE. — *Amour* (prem. éd.) 5 fr. — *Liturgies intimes* (prem. éd.) 6 fr. — Le même, éd. de luxe, avec portrait, 12 fr. — *Choix de Poésies*, avec portrait (prem. éd.) 6 fr.

PAUL BONNETAIN. — *Le nommé Perreux* (prem. éd.) 5 fr.

TRISTAN CORBIÈRE. — *Les Amours jaunes*, (prem. éd., 1891) 6 fr.

CATULLE MENDÈS. — *Le Roman d'une nuit*, avec eau-forte de F. Rops, 10 fr.

EMILE ZOLA. — *Edouard Manet*, portrait par Bracquemont, eau-forte d'Ed. Manet d'après *Olympia* (épuisé) 10 fr.

PIERRE LOTI. — *Le Roman d'un Spahi, le Mariage de Loti, Pêcheur d'Islande*, chaq. vol. 2 fr. 75.

ALFRED DE MUSSET. — *Premières poésies*, avec eau-forte, sur holl., 3 fr.

La Revue Indépendante (Félix Fénéon) 9 numéros sur 13 parus, 8 fr.

L'Art Littéraire (prem. série 13 n^{os}) avec illust., très rare, 6 fr.

La Revue Indépendante (nouv. série), 50 numéros dont les 44 premiers (comprenant collection Dujardin non coupée), 45 fr.

La Revue Contemporaine, collection complète, 15 fr.

L'Ermitage, année 1893, 7 fr.

La Plume, 20 numéros dont plusieurs épuisés, 10 fr.

Le Décadent (journal), 14 numéros (14 et 23 à 35), 7 fr.

Lutèce (journal), 34 numéros, 10 fr.

Entretiens politiques et littéraires, 15 numéros, 7 fr.

EMILE BERNARD. — *Conte de Fée*, dessin orig. à l'encre, 40 fr. — *Brillante et sans pair*, idem, 25 fr. — *Bretonneries*, 5 lithographies (épuisé) 20 fr.

ON DÉSIRE ACHETER :

MAURICE BARRÈS. — *Les Taches d'Encre*, n° 3.

VILLIERS DE L'ISLE ADAM. — *Tribulat Bonhomet, Axël*.

L'ART LITTÉRAIRE

Revue mensuelle d'Art et de Critique

Rédacteur en Chef : Louis Lormel.

Notre revue, indépendante de tout parti politique comme de toute école littéraire, fait appel à tous les jeunes écrivains, qui restent seuls responsables de leurs opinions.

L'Art Littéraire ne publie rien que d'inédit. Les manuscrits ne sont pas rendus.

L'Art Littéraire a publié, jusqu'à ce jour, des œuvres inédites de :
Emile Bernard, Michel Chabance, François Coulon, Maurice Cremnitz, Léon-Paul Fargue, André Fontainas, René Ghil, André Gide, Remy de Gourmont, Alfred Jarry, Gustave Kahn, Tristan Klingsor, Louis Lormel, Stéphane Mallarmé, Camille Mauclair, Henri Mazel, Paul Meissonnier, Albert Mockel, Charles Morice, Edmond Pilon, Henri de Régnier, André Rémont, Saint-Pol-Roux, Eugène Thebault, Pierre Valin, Henri Viard, etc...

ABONNEMENTS

France, un an. . . . . **2** fr. **50** | Union postale. . . . . **3** fr.

Les abonnements partent de tout numéro. Ils ne peuvent être payés en timbres-poste étrangers.

Les numéros parus de la nouvelle série sont vendus 1 franc l'exemplaire.

L'Art Littéraire est en vente :

A Paris, dans les principales librairies, notamment :

Librairie de l'Art indépendant, 11, rue de la Chaussée d'Antin ; Brasseur, galerie de l'Odéon ; Gagné, 19, boulevard Saint-Michel ; Chaumont, 27, quai Saint-Michel ; Paul Sevin, 8, bd des Italiens ; Librairie Nouvelle, 15, bd des Italiens ; Dentu, 36 bis, avenue de l'Opéra.

Dans les gares de Paris et les principales gares des Départements. (Dans toute gare, le Bibliothécaire le fait venir sur commande.)

A Bruxelles : chez Istace, galerie du Roi ; et dans les librairies d'art.

Paris. — Imp. C. Renaudie, 56, rue de Seine.

Nouvelle Série — N°s 11 & 12. Novembre–Décembre 1894.
TROISIÈME ANNÉE

L'ART LITTÉRAIRE

REVUE MENSUELLE

SOMMAIRE

Prix : 50 centimes.

Adresser toutes les communications au Directeur :
56, Rue de Seine, 56
Dépôt général chez Gagné et Boulinier, 19, boul. Saint-Michel
PARIS

PARIS. — *L'Ermitage*, 26, rue de Varenne. — *Mercure de France*, rue de l'Echaudé. — *L'Idée libre*, 10, rue N.-D.-de-Lorette. — *Le Journal des Artistes*, 33, rue du Dragon. — *Triple Revue*, 3, rue Corneille. — *La Quinzaine*, 62, rue Miromesnil. — *L'Album des Légendes*, 40, rue de Buci. — *Thélème*, 6, rue des Coutures St-Gervais. — *L'Idée moderne*, 85, rue Notre-Dame-des-Champs. — *L'Ymagier*, 9, rue de Varenne. — *Essais d'Art Libre*, 8, rue Jacquier.

DÉPARTEMENTS. — *Pages d'Art*, 6, rue Deville (Toulouse) — *Les Ibis*, 25, rue des Flageots (Beauvais). — *Le Rêve et l'Idée*, 10, rue des Tennerolles (Saint-Cloud). — *La Syrinx*, 25, rue Lacépède (Aix-en-Provence).

ÉTRANGER. — *Le Réveil*, 306, rue Saint-Liévin (Gand). — *La Nervie*, à La Louvière (Belgique). — *Le Libre Journal*, 21, rue Rogier (Mons). — *Stella*, 18, rue Vautier (Bruxelles). — *Pages littéraires*, 25, boulevard de Plainpalais (Genève).

Primes gratuites à nos lecteurs

1. Vingt francs en espèces.
2. Un abonnement d'un an à *L'Art Littéraire*.

Voir les détails aux Notes et Échos.

Le **Courrier de la Presse,** fondé en 1889, 21, boulevard Montmartre, à Paris, par M. GALLOIS, a pour objet de recueillir et de communiquer aux intéressés les extraits de tous les Journaux du monde sur n'importe quel sujet.

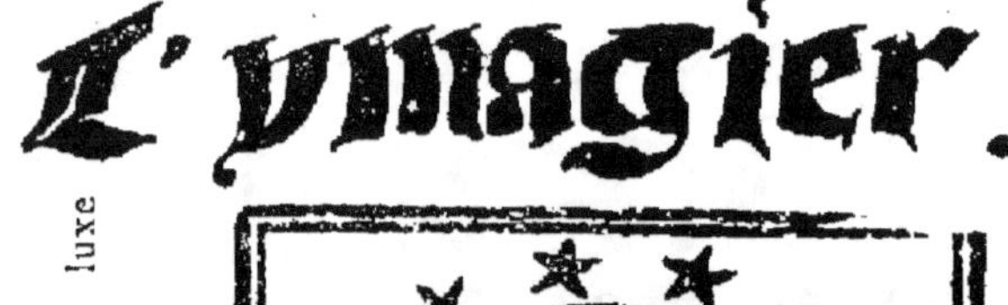

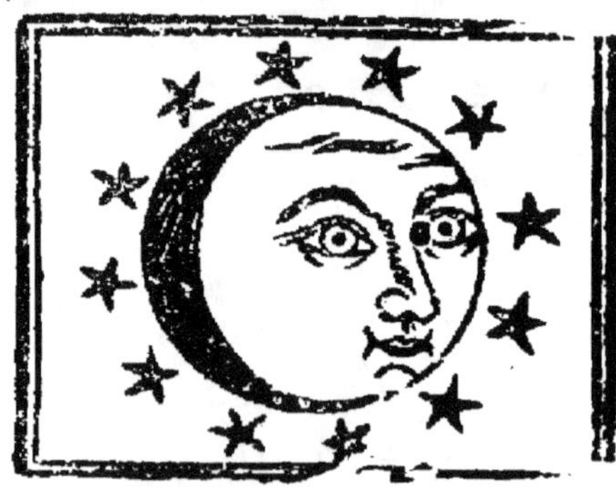

Un an : **12 fr.**
Éditions sur papiers de luxe hollande, japon, etc.

Paraît tous les 3 mois en un fascicule d'environ 72 pages in-4º écu ;
Est rédigé par REMY DE GOURMONT et ALFRED JARRY;
Publie des images et des études sur les images et les imagiers anciens et nouveaux;
Forme tous les ans un volume de 300 pages in-4º, contenant plus de 150 gravures et au moins 8 grandes planches in-folio tirées spécialement par l'Imagerie d'Epinal.

Envoi franco d'un fascicule spécimen : **3 fr. 50**, mandat ou timbres.

PETIT MARCHÉ DES LIVRES

Les œuvres à vendre sont expédiées *franco* contre mandats ou bons de poste. — Insertions gratuites.

ON DÉSIRE VENDRE :

PAUL VERLAINE. — *Amour* (prem. éd.) 5 fr. — *Liturgies intimes* (prem. éd.) 6 fr. — Le même, éd. de luxe, avec portrait, 12 fr. — *Choix de Poésies*, avec portrait (prem. éd.) 6 fr.

PAUL BONNETAIN. — *Le nommé Perreux* (prem. éd.) 5 fr.

CATULLE MENDÈS. — *Le Roman d'une nuit*, avec eau-forte de F. Rops, 10 fr.

EMILE ZOLA. — *Edouard Manet*, portrait par Bracquemond, eau-forte d'Ed. Manet d'après *Olympia* (épuisé) 10 fr.

ALFRED DE MUSSET. — *Premières poésies*, avec eau-forte, sur holl., 3 fr.

La Revue Indépendante (Félix Fénéon) 9 numéros sur 13 parus, 8 fr.

L'Art Littéraire (prem. série 13 n^{os}) avec illust., très rare, 6 fr.

La Revue Indépendante (nouv. série), 50 numéros dont les 44 premiers (comprenant collection Dujardin non coupée), 40 fr.

La Revue Contemporaine, collection complète, 12 fr.

Le Décadent (journal), 14 numéros (14 et 23 à 35), 7 fr.

EMILE BERNARD. — *Conte de Fée*, dessin orig. à l'encre, 30 fr. — *Brillante et sans pair*, idem, 20 fr. — *Bretonneries*, 5 lithographies (épuisé) 20 fr.

ON DÉSIRE ACHETER :

MAURICE BARRÈS. — *Les Taches d'Encre*, n° 3.

VILLIERS DE L'ISLE ADAM. — *Tribulat Bonhomet.*

La Revue Contemporaine, n° de Septembre 1885.

BON-PRIME

(voir aux *Notes et Échos*)

NOM : ....

ADRESSE : ....

L'ART LITTÉRAIRE

Revue mensuelle d'Art et de Critique

Rédacteur en Chef : Louis Lormel.

***

Notre revue, indépendante de tout parti politique comme de toute école littéraire, fait appel à tous les jeunes écrivains, qui restent seuls responsables de leurs opinions.

L'Art Littéraire ne publie rien que d'inédit. Les manuscrits ne sont pas rendus.

L'Art Littéraire a publié, jusqu'à ce jour, des œuvres inédites de :

Emile Bernard, Michel Chabance, François Coulon, Maurice Cremnitz, Léon-Paul Fargue, André Fontainas, René Ghil, André Gide, Remy de Gourmont, Alfred Jarry, Gustave Kahn, Tristan Klingsor, Louis Lormel, Stéphane Mallarmé, Camille Mauclair, Henri Mazel, Paul Meissonnier, Albert Mockel, Charles Morice, Edmond Pilon, Henri de Régnier, André Rémont, Saint-Pol-Roux, Maurice Schilt, Eugène Thebault, Pierre Valin, Henri Viard, Lucien Wahl, etc...

***

ABONNEMENTS

France, un an. . . . . **2** fr. **50** | Union postale, un an. . **3** fr.

Les abonnements partent de tout numéro. Ils ne peuvent être payés en timbres-poste étrangers.

Les numéros parus de la nouvelle série sont vendus 1 franc l'exemplaire (o fr. 50 pour nos nouveaux abonnés).

***

L'Art Littéraire est en vente :

A Paris, dans les principales librairies, notamment :

Librairie de l'Art indépendant, 11, rue de la Chaussée d'Antin; Brasseur, galerie de l'Odéon; Gagné, 19, boulevard Saint-Michel; Chaumont, 27, quai Saint-Michel; Paul Sevin, 8, bd des Italiens; Librairie Nouvelle, 15, bd des Italiens; Dentu, 36 bis, avenue de l'Opéra; Vanier, 19, quai Saint-Michel.

Dans les gares de Paris et les principales gares des Départements (Dans toute gare, le Bibliothécaire le fait venir sur demande).

A Bruxelles : chez Istace, galerie du Roi; Rozez, 81, rue de la Madeleine; Dietrich; et dans les librairies d'art.

***

Paris. — Imp. C. Renaudie, 56, rue de Seine.